KB149278

비록
영업의
고수는
아니지만

비록 영업의 고수는 아니지만

초판 1쇄	2020년 7월 22일

지은이	지찬솔
펴낸이	소재웅
북디자인	이정민
일러스트	D_CLAY
교정교열	편집팀
인쇄	일리디자인

펴낸곳	도서출판 훈훈
주소	경기도 고양시 덕양구 소원로 267
인스타그램	@hunhun_hunhun

ISBN   979-11-967762-4-4 (03190)

이 도서의 국립중앙도서관 출판예정도서목록(CIP)은
서지정보유통지원시스템 홈페이지(http://seoji.nl.go.kr)와
국가자료종합목록 구축시스템(http://kolis-net.nl.go.kr)에서
이용하실 수 있습니다. (CIP제어번호: CIP2020028557)

비록
영업의
고수는
아니지만

지찬솔 지음

30대 중반
제약영업사원의
영업 인생,
그리고
약간의 깨달음

흔흔

물론, 저는 아직 그 정도는 아니죠.
아직도 조마조마하거든요.
압박을 즐기면 좋을 텐데 말이죠.

나 비록, 영업의 고수는 아니지만.

하루하루 열심히 영업사원으로서 최선을 다하며 살아간다고는 하지만, 이 책의 제목처럼 나는 영업을 잘하는 고수는 아니다. 적어도 아직까진. 일을 하면서 발생하는 중요한 핵심사항은 핸드폰이나 수첩 등에 메모를 해왔지만, 내가 지금까지 살아온 일대기를, 특히 '영업'이라는 주제에 포커스를 맞춰 내 인생의 스토리를 책으로 출판하게 될 줄은 몰랐다. 다시 한 번 강조하지만, 난 영업의 고수가 아니기 때문에.

소재웅 작가로부터 "당신의 스토리를 책으로 담아보자"는 제안을 받았을 때 손사래 치며 거절했다. 유명한 정치인, 스포츠 스타, 연예인도 아니고, 그렇다고 영업을 진짜 잘해서 전국적으로 유명한 영업 스타도 아닌, 그야말로 정말 평범한 인생을 살아가고 있는 내가 감히 책을 쓸 자격이나 있는 걸까? 소재웅 작가의 제안과 관련하여 누군가에게 조언을 얻고 싶은 마음조차 처음엔 없었다. 조언을 구한다는 사실이 창피하게 느껴졌기 때문이다.

그런데 곰곰이 생각해보니 못 쓸 것도 없었다. 어릴 적 종종 '나중에 성공하면 내 인생에 대한 스토리를 꼭 책으로 남기고 싶다'는 생각을 했었으니 말이다. 다만 여기서 전제조건은 '나중에 성공하면…'이었다. 성공? 대체 어떤 인생을 살아야 그 인생을 '성공'으로 규정할 수 있고, 그걸 책으로 담아낼 수 있을까? 설령 성공한 인생을 살았다고 해도 그것은 지금보다도 머나먼 미래가 될 것 같았고, 또한 남들이 나를 보며 "성공한 인생을 살았다"고 인정을 해준다 해도 내 자신이 그 칭찬에 만족하지 못하면 '나는 성공한 인생을 살았다고 보기 어렵겠다'라는 결론에 도달했다.

그래서 결심했다.
그래, 지금 책을 써보자!
나 비록, 영업의 고수는 아니지만…

책을 쓰면서 내 인생을 되돌아보고 앞으로 성공한 인생을 살기 위해 더 노력해보자! 그렇게 결심하며 소재웅 작가와 작업을 시작했던 시점이 2018년 말. 봄-여름-가을-겨울을 온전히 느끼며 차분하게 나의 이야기를 털어놓고 기록해갔다. 중간에 뜻밖의 다리 부상을 당하기도 했고, 정신적인 슬럼프가 밀려오기도 했다. 그래도, 뚜벅뚜벅 원고를 채워나갔다.

"너가 한 게 뭐가 있다고 책을 써?"
"영업? 너가 영업을 얼마나 잘 하길래 책을 써?"

이렇게 생각할지도 모르는 주위의 시선이 두렵기도 했지만, 그렇게 난 내 인생을 되돌아보며 소재웅 작가와 주기적으로 만나 인터뷰를 진행했고, 퇴근 후 짬을 내어 글을 쓰기 시작했다. (사실 퇴근 후, 혹은 주말에 시간을 내서 글을 쓰는 건 보통 일이 아니었다)

이 책은 영업 중에서도 제약영업사원으로 살아가는 나 지찬솔의 스토리가 담겨있는 책이다. 제약영업을 잘 할 수 있는 노하우, 제약영업을 배울 수 있는 정도(正道)가 담겨있는 성격의 책과는 거리가 있다. 하지만 자신의 영역에서 최선을 다하며 하루하루를 살아가는 사람들이라면 어느 정도 공감할 수 있는, 그리고 제약영업 혹은 영업 직무에 꿈을 갖고 취업을 준비하는 취준생들이 읽는다면 인생의 선배로서 (최소한의) 도움은 줄 수 있는 책이라고 생각한다.

이 책을 읽어준 독자들을 위해서라도, 다짐한다.

더 나은 삶을 위해

오늘도 내일도 최선을 다해

살아갈 것이라고.

나 비록 영업의 고수는 아니지만,

그 길을 향해 가고 있는 한 명의 직장인으로서.

2020년 7월

지찬솔

목차

제약영업을 시작, 하다.

아주 단순한 질문을 먼저 드리고 싶어요. 영업사원이 되고 나서 처음으로 병원에 갔을 때, 당시 기분이 어땠을지 궁금하거든요. 제가 얼마 전 아내랑 소아과에 가서 양복 입은 사람들을 봤는데, 지찬솔님이 떠오르더라고요.

많이 받는 질문 중 하나예요. 가끔씩 동기들끼리도 추억 삼아 이야기하기도 하거든요. 신입 영업사원들이 방문하는 첫 병원은 대부분 인수인계를 받는 병원일 거예요. 이전에 그 병원을 담당했던 직원과 동행하는 거죠. 갑자기 담당자가 바뀌면 의사 선생님 입장에선 당황하실 수 있으니 1-2주 정도 시간을 두고 인수인계 받는 거죠.

이전 담당자한테 인수인계를 받으며 같이 거래처 병원을 방문할 때는 큰 걱정이 없었어요. 그런데 인수인계를 마치고 이제 혼자 방문하려니 떨리는 거죠. 저 같은 경우는 그때가 10월 정도였어요. 당시 제가 맡은 지역이 집과 거리가 상당히 있는 편이었어요. 게다가 당시 자차도 없는 상태라 처음 2주 정도 대중교통을 이용해야만 했죠. 집에서 서울역까지 버스 타고 가서 다시 버스를 갈아타고. 하여간 육체적으로 너무 힘들었어요. 이건 사람이 할 짓이 아니구나 싶더라고요. 결국 자동차 리스를 했죠.

차 없이 제약 영업이 가능해요?

불가능한 건 아닙니다. 담당지역과 거주하는 집이 가깝다면 충분히 차 없이도 영업이 가능하다고 봐요. 하지만 담당지역과 집이 멀 경우 차가 없으면 영업이 결코 쉽지 않아요.

제가 신입사원 때 이야기를 잠깐 해볼게요. 제가 담당하게 된 지역에 처음 갔을 때, 그야말로 똥줄 타더라고요. 너무 낯설었어요. 당시 담당지역에 저희 약을 200만원 정도 처방해주는 병원이 있었어요. 신입사원이 느끼기에는 낮은 매출도 아니고, 평범한 수준보단 높았죠. 저는 담배를 피지 않거든요. 하지만 그때는 마음이 조마조마하니 담배 피는 사람의 심정을 헤아릴 수 있었죠. 용기를 내서 병원에 들어가 간호사 선생님들한테 인사를 했어요. 막상 그렇게 진료실에 들어가니, "어? 아, 맞다 맞다! 담당자 바뀌었지. 열심히 하라고"라며 의사 선생님이 인사해 주시더라고요. 회사 선배들은 저에게 "인수인계 받은 거래처 가서 인사나 드려!"라고 했죠. 제가 "인사 어떻게 드려요?" 그랬더니 "너무 말 많고 가벼운 이미지로 인사드리지 말고, 담당자 바뀌었지만, 초심 잃지 않고 열심히 하겠다고 짧게 한마디 하고 나와"라고 조언해주더군요. 그렇게 짧았던 첫 5분도 안 되는 짧은 면담이 기억에 남네요. 막상 경험해보니 별 게 아니더라고요. 왜 그렇게 긴장했지? 무난하게 스타트를 끊으니 두세 번째 병원은 '되겠지 뭐' 싶었어요.

물론 지찬솔님이 의사는 아니지만, 의사 입장에서 영업 사원은 어떠한 존재일까요? 어찌 보면 의사는 영업사원에 비하면 너무 큰 존재로 보이거든요. 날 좌지우지할 수 있는, 그런 존재. 하지만 의사 입장에서 영업사원은 매번 바뀔 수 있는 존재인 거지만, 그렇다고 중요하지 않은 것도 아닐 테니까요.

제가 영업의 끝판왕은 아니라 정확한 정의는 힘들어요. 제가 신입사원 당시, 처음에 생각한 이미지를 풀어보자면, '의사 선생님은 하늘이요, 난 지옥 천벌에 떨어져 3,000미터 밑에 있는, 아무것도 아닌 존재', 이랬어요. 을, 솔직히 을도 아니고 '무'라는 생각을 하고 갔죠. 지금도 아예 안 그렇다면 거짓말이에요. 암튼 처음에는 의사 선생님은 갑, 나는 을이라고 생각했어요. 심지어 무섭기까지 하더군요. 사실 살아온 길이 다르긴 하잖아요. 대부분의 의사 선생님들은 소위 말하는 엘리트로, 주변 사람들한테 칭찬 받으며 살아왔을 테니까요.

의사 선생님이 다른 회사제품으로 처방을 하시면 내 밥줄이 끊기지 않을까, 라는 두려움도 있었어요. 그렇다보니 '의사 선생님과 친해져야 잘 되겠지'라는 생각은 처음엔 미처 못했어요. 그저 무서운 존재. '의사 선생님 마음에 안 들면 끝이겠구나' 싶었죠. 하지만 시간이 지나면 이러한 생각에 조금씩 변화가 생겨요. 친절한 의사 선생님, 더 나아가 저와 저희 회사를 믿어주시는 의사 선생님들도 조금씩 많아지거든요. 그러면 조금씩 자신감이 생기는 거죠. 하지만 그래도 어느 정도 어려운 부분은 여전히 존재하는 것 같아요.

어떤 의미에서 어려운 거예요?

솔직히 어느 업계나 영업사원과 거래처가 100% 동등한 위치에서 파트너가 된다는 것은 쉽지 않다고 생각해요. 다만 제약영업을 하는 입장에서는, 거래처 병원의 의사 선생님이 걸어온 엘리트로서의 인생을 그대로 존중해 드리는 거죠. 제가 처음 영업을 시작한 5년 전과 크게 달라진 건 없어요. 그렇다고 신입사원 때처럼, 의사 선생님의 존재로 인해 벌벌 떨고 발을 동동 구르는, 아예 다가갈 수 없는 관계는 아니라는 거죠.

방금 한 표현은 참 좋네요. 존중이라는 표현. 존중을 해준다는 느낌이 좋게 와 닿아요.

나름의 수고와 노력으로 '의사'라는 직업을 갖게 되신 것을 존중한다는 의미에요. 어찌됐든, 대한민국에서 의사라는 직업을 갖기까지 얼마나 많은 노력을 했겠어요. 의사가 되기 위해서 치열하게 공부한 과정이 있었던 건 분명하잖아요. 저는 가지 못한 길을 의사 선생님들은 해낸 셈이잖아요. 그런 의미에서 존중해주는 거죠.

지금 말해주신 건 중요한 포인트 같아요. 보통 갑-을 관계에 놓이면 서로의 존재 자체를 부정하곤 하잖아요. 가령 갑을 향해서는 나쁜 이미지를 너무 단순하게 씌워버리기도 하죠. 방금 말씀하신 것처럼 의사들이 그 자리에 가기까지 엄청난 노력을 기울이는 건 사실이에요. 그리고 자신이 쏟은 노력의 양에 대한 일종의 자부심도 느낄 테고요. 실제로 의사들을 가까이서 접해보면, 의사들의 자의식은 어떤가요?

케이스 바이 케이스에요. 의사선생님들이라고 해서 다 자존감이 높지만은 않을 거라고 생각해요. 분명 의사선생님들에겐 의사로서의 프라이드가 있어요. 하지만 의사선생님들도 때로는 환자가 어렵게 느껴질 때가 있을 거예요. 매일 아픈 사람들을 봐야 하니 의사선생님들도 스트레스를 많이 받을 때가 있을 거고요. 가령, 환자들로부터 "옆 병원 원장님은 친절한데 여기는 원장님이 별로 안 친절하네"라는 식의 말을 들으면 의사선생님들도 위축될 때가 있을 거예요. 항상 1등을 하며 칭찬만 받으며 살아오셨던 분들이지만, 그분들에게도 결국 환자들은 중요한 존재인 셈이에요. 주변의 피드백이 안 좋으면 가끔은 많이 힘들 때도 있지 않으실까 싶어요.

가끔 의사 선생님들과 식사를 할 때면 의사 선생님들도 속내를 꺼내곤 하세요. 모든 환자분들을 100% 만족시킨다는 게 쉽지 않다고 하시더라고요. 환자들 입장에선 병원이야 엄청 많잖아요. 이 병원 저 병원 가보고 나랑 맞는 병원 있으면 거기로만 가죠. 그리고 비교를 해요. 게다가 요즘 맘 카페가 보통 활발한 게 아니에요. 의사선생님들로선 지역 내 환자들의 여론에 대한 스트레스를 많이 받을 수밖에 없죠. 개원한 것 자체가 사업이니까요.

거기에 인생을 던진 거니까요.

개원하기 위해 비용과 시간을 투자하셨을 텐데 그만큼 환자도 많지 않고, 수익이 나지 않는다면 스트레스를 받으시는 거죠. 문 닫는 병원도 종종 있어요.

방금 말한 의사들의 마음은 한편으로 굉장히 흥미롭네요.

환자도 많고 지역 내에서 유명한 병원의 의사 선생님은 다를 수 있지만 그게 아니라면 환자에게 병원 선택권이 있어요. 병원 서비스가 마음에 안 들면 병원을 옮기면 그만이고요. 이런 경우, 영업사원이란 존재가 의사 선생님들께는 '마음으로 의지하는 대상'이 될 수도 있다고 생각해요.

한편으로 간과하지 말아야 할 것은 의사선생님들에게 있어서 영업사원이 저만 있지 않다는 사실이에요. 그래서 영업사원들은 의사들과의 원활한 유대관계 형성을 위해 부단한 경쟁과 노력들을 하죠. 영업사원이 저만 있으면 얼마나 좋겠어요. 하하.

그럼, 개인적으로 잘 맞는 의사는 어떤 스타일의 의사에요?

갔을 때 적어도 제가 하는 말을 들어주는, 리액션을 보여주는 의사선생님이죠. 다르게 표현하면 눈을 맞춰주는 의사선생님. 방문했는데 컴퓨터 모니터만 보시고, 저는 말하고 있는데 "아, 다음에 봅시다!"라고 반응하며 제가 드리고자 하는 말을 안 들어주시면 마음이 무겁죠. 한편, 영업하느라 고생한다고 하시면서 음료수를 꺼내주는 친절한 의사선생님도 계세요. 그런데 가만 보니 그런 의사 선생님들은 다른 영업사원들한테도 그렇게 해주시더라고요. 영업사원 초기엔 '이런 의사선생님도 계시는구나'라며 감탄했지만, 나한테만 그렇진 않으시겠구나, 라는 걸 얼마 지나지 않아 알게 됐어요. 지금 다시 생각해보면 저와 저희 회사를 믿어주시고 저희 회사약을 많이 처방해주시는 의사 선생님이야말로 영업사원이 제일 선호하는 의사선생님 아닐까 싶어요. 왜냐하면 친절하고 영업사원들 말을 경청해주시는 의사선생님들 모두가 저희 약을 많이 처방해주시는 것은 아니거든요.(웃음)

정리해보면, 인간적인 면에서는 경청해주는 게 좋지만, 그게 반드시 매출로 이어지는 건 아니란 뜻이군요. 그렇다면, 특별히 접근하기 힘든 타입의 의사는 어떤 경우인가요?

아예 만나주시지 않는 경우죠. 일종의 문전박대. 간호사 선생님께서 "원장님께서 면담 안 하시겠대요"라는 식으로 말하는 경우에요. 처음부터 간호사 선생님을 통해 커트하시는 거죠. 이미 의사 선생님이 면담해주시는 제약사가 정해져있다는 건 뚫고 들어가기 힘든 뭔가가 있다는 의미에요. 특별한 이슈가 없거나 저 나름대로의 부단한 노력을 하지 않는다면 정말 영업하기 힘든 경우의 의사 선생님이라고 볼 수 있죠.

영업사원들에게 있어 간호사란 존재는 어떠한 이미지일지도 궁금해요. 영업사원들에게 친절하게 잘 해주는 편인가요? 영업사원에게 있어 잘해주는 간호사란 무슨 의미인가요?

인격적으로 대해주시는 거죠. "추운데 고생하시네"라며 커피라도 한 잔 주시는 거예요. 그러면 저로서도 나중에 방문할 때는 빈손으로 안 가게 되죠. 커피 한 잔이라도 챙겨가요. 의사 선생님들만 너무 챙겨도 간호사 선생님 입장에선 좀 서운하실 수 있거든요. 특정 병원과 유대감을 잘 형성하기 위해선 간호사 선생님들에게도 좋은 이미지를 보여드리는 게 중요하죠.

신경을 너무 쓸 수도, 그렇다고 너무 안 쓸 수도 없는 존재군요.

그렇죠, 아! 그리고 간호사 선생님들께서도 확실히 키 크고 잘 생긴 영업사원한테는 조금 더 친절하신 것 같아요.(웃음) 사실 그건 본능이니까요.

예, 흥미로운 이야기들이네요. 이번엔 좀 다른 질문을 드려볼게요. 제약영업이라는 영역에서 5년 가까이 일을 하셨는데, 적성에 잘 맞는 거 같으세요?

사실 현실과 타협하는 부분도 많죠. 취업이 너무 힘드니까요. 가끔 "너는 진짜 영업하고 잘 맞는 거 같다. 너 같은 사람이 아니면 누가 하냐"라는 소리도 들어요. 하지만 저는 영업에 특별한 왕도가 있다고 보지 않고, 제가 영업에 아주 잘 맞는 스타일이라고도 보지 않아요. 그렇다고 해서 "적성이 안 맞아"라며 그만두고 이 나이에 새로운 직업을 찾겠다? 그것도 현실적으로 무리가 있어요.

그리고 저만 힘든 게 아니잖아요. 어찌 보면 거기서 위로를 받아요. 대기업이면 대기업, 공기업이면 공기업대로 무슨 일이든 힘든 부분은 있거든요.

그래도, 혹시 본인이 생각하기에 영업사원으로서 타고난 부분이 있다고는 생각하지 않아요?

솔직히 영업 쪽에는 넉살 좋은 사람이 워낙 많아요. 영업사원들끼리 있으면 저는 부족한 점이 '아직은' 많다고 생각해요. 저는 특별히 타고난 부분은 없는 것 같아요. 하지만… 그래도 대중 앞에 섰을 때의 발표준비는 꼼꼼하게 하는 편인 것 같아요. 저 같은 경우 우리 회사 전국의 영업사원이 모였던 교육자리에서 제 영업 성공사례를 발표했던 적도 있거든요. 특정 병원을 어떻게 공략해서 성공했는지 발표하는 자리였죠.

'꼼꼼하다'는 건 영업사원으로서 엄청난 메리트가 아닐까 싶네요. 뭐 이런한 얘기조차 "꼼꼼한 영원사원이 워낙 많아요"라고 하실지도 모르겠지만.(웃음)

마지막 질문을 드릴게요. 남은 한 해 영업사원으로서의 목표가 있다면?

우선, 실적이죠. 우수한 실적으로 나 자신에 대한 뿌듯함도 느끼고 저와 회사가 win-win했으면 해요. 매달 100%를 달성하는 영업사원이 되는 거죠. 선배한테는 '아, 이 녀석 우리 팀에 끌어오고 싶다'는 인정을 받고 싶어요. 그렇다고 조직 생활에서 나만 잘났다고 성공할 순 없다고 봐요. 실적 이외의 인품이나 인성으로도 인정받고 싶어요. 후배들이 봤을 때 '저 선배한테 많은 것을 배우고 싶다'라는 생각을 주고 싶거든요. 정리하자면 100% 실적달성 할 수 있는 영업력, 그리고 선후배를 아우를 수 있는 인품을 갖추는 것. 그게 가장 큰 두 가지 목표예요.

그래도 우선은 실적이 좀 더 중요하겠죠?

맞아요, 실적이죠. 영업사원에게 있어 성공의 두 가지 기준은 사람과 데이터예요. 사람의 마음을 얻어야 데이터가 따라오죠. 데이터라는 것은 의사 선생님이 처방을 많이 해줘야 하는 거잖아요.

저 같은 경우 보통 회사는 일주일에 한 번 출근해요. 나머지 요일은 다 거래처로 출근하죠. 일주일에 한 번 회사로 출근하는 날에는 남들보다 조금 일찍 출근하려고 노력해요. 회사 생활 하면서 세운 철칙이 있거든요. '실적 이외의 것으로 혼나지 말자'는 거예요. 아버지하고도 항상 나누는 이야기죠. 내가 아무리 열심히 해도 실적은 안 나올 수도, 반대로 잘 나올 수도 있어요. 하지만 적어도 근무태도로 욕먹진 말자, 실적 이외의 인간관계로 인해 욕먹진 말자. 그래서 좀 더 부지런하게 다니려는 것도 있어요. 게다가 새벽 공기를 뚫고 가장 먼저 출근해서 회사 회의실 불을 켜는 것도 은근 스릴 있어요.(웃음)

결국 성실함이네요.

그렇죠. 그런데 이게 참 애매한 게, 아버지 세대는 성실을 우선으로 했지만 요즘은 아니에요. 무조건 실적이 잘 나와야 해요.

영업이라 더 그런 듯?

그럴 수도 있어요. 성실성과는 상관없이 회사 입장에선 실적100% 이상 달성하는 영업사원을 인정해주니까요.

그래서 영업 사원에겐 두 가지 종류의 관계가 중요해요. 외부로는 의사 선생님과의 관계, 내부로는 같은 회사 동료들과의 관계. 내부와 외부 영업간에 밸런스가 맞아야 하죠. 너무 한쪽에만 치우치면 회사 생활을 오래하기 힘들지 않을까 싶어요.

예, 오늘 인터뷰는 이 정도로 마치면 좋겠습니다. 저로선 오늘 들은 이야기들 중 새로운 내용들이 참 많았습니다.

"의사 선생님이 다른 회사제품으로 처방을 하시면 내 밥줄이 끊기지 않을까, 라는 두려움도 있었어요. 그렇다보니 '의사 선생님과 친해져야 잘 되겠지'라는 생각은 처음엔 미처 못 했어요. 그저 무서운 존재였던 거예요. 내가 '의사 선생님 마음에 안 들면 끝이겠구나' 싶었죠. 하지만 시간이 지나면 이러한 생각에 조금씩 변화가 생겨요. 친절한 의사 선생님, 더 나아가 저와 저희 회사를 믿어주시는 의사 선생님들도 조금씩 많아지거든요. 그러면 조금씩 자신감이 생기는 거죠. 하지만, 그래도 어느 정도 어려운 부분은 여전히 존재하는 것 같아요."

안녕하세요!
○○제약회사 담당자 지찬솔입니다.

    어느 병원을 방문하든지, 의사 선생님보다 간호 선생님을 먼저 보게 되는 경우가 대부분이다.

    병원 카운터에 앉아서 업무를 보고 있는 간호선생님께 먼저 양해를 구하고 의사 선생님과 면담을 하는 경우가 대부분이기 때문이다.

    신규 작업을 하기 위해 처음 방문하는 병원의 경우, 카운터에 앉아있는 간호선생님께 명함을 건넨다.

    "안녕하세요! ○○제약회사 담당자 지찬솔입니다. 실례지만 원장님께 잠깐 인사드릴 수 있을까요?"

    이렇게 인사를 드리며 첫 대면을 한다.(이렇게 인사를 드리면 간호선생님께서 의사선생님께 00제약 담당자 만나보시겠냐고 여쭤보고, 의사선생님께서 만나 보시겠다고 하면 진료실에 들어가 인사드리고 면담을 하게 된다.)

물론, 기존 거래처 혹은 이미 친분을 깊게 쌓은 간호 선생님이 있는 병원의 경우 "쌤, 저 왔어요!" 이 한 마디면 다 통한다.

신입사원 시절, 신규 거래처를 만들어보고자 처음 방문한 병원에서 간호 선생님께 인사를 건네고 명함을 드렸으나, "저희 원장님은 만나시는 제약사 분들만 만나세요!"라며 내 명함을 찢어서 쓰레기통에 버리던 간호 선생님이 있었다.

당시에는 기분이 상당히 좋지 않았다.
'하… 내가 이런 대접을 받아가면서 이 일을 해야 하나? 꼭 명함을 찢어서 쓰레기통에 버릴 이유까지 있나?'라고 생각하며 혼자 상처를 받았던 기억이 난다. 그러곤 생각했다.

'내가 이 일을 계속하려면, 간호 선생님들과의 관계 형성도 중요하겠구나'

그 사건 이후로, '어떻게 하면 기회를 잡아서 간호 선생님들로부터 영업할 수 있는 정보를 얻을 수 있을까?'를 고민하기 시작한 것 같다. 의사 선생님이 만나주시지 않아도 간호 선생님과 관계 형성이 어느 정도 이루어지면, 의사 선생님과 관련한 간단한 정보들을 몰래 종종 얻을 수 있다. 의사 선생님의 취미나 좋아하는 음식 등등. 그리고 원장님이 면담을 해주시는 제약회사 영업사원들의 정보까지도 알게 되는 경우가 있다.

영업사원 입장에선 의사 선생님을, 그리고 병원을 알아야 신규 거래처를 개척할 수 있다. 하지만 신규를 하고 싶은데 의사 선생님이 만나주지 않는다면, 간호 선생님과 먼저 유대를 형성해보는 것도 하나의 방법이 될 수 있다.

직진할 수 없다면 돌아가보자! 간호 선생님으로부터 얻는 정보가 쌓여 의사 선생님과 만나게 되는 경우가 올 수도 있으니. 그 만남이 신규로 이어지는 경우가 올 수도 있으니 말이다.

덧붙여서, 간호 선생님과의 유대가 쌓여 영업사원과 (영업사원이 간호 선생님과 유대가 쌓이다 못해 사랑이 싹트고 결국에는) 커플이 되는 경우도 종종 볼 수 있다. 꿩 먹고 알 먹고, 도랑 치고 가재 잡고, 1석 2조의 효과도 볼지도 모른다. 아, 하지만 나는 간호 선생님과 커플이 된 적이 한 번도 없다는 것은 함정.

"열심히 최선을 다하는 지찬솔이 되겠습니다!"

입사 후, 얼마 지나지 않아 참석한 회식자리에서 당차게 건배사를 한 적이 있다. 그 때 한 선배님께서 "열심히 하는 거? 다 필요 없어! 잘 해야 해! 요즘 열심히 안 하는 사람 없다!" 라고 말씀하셨다. 처음에는 선배님의 이 말 한 마디를 정확히 이해하지 못했다. 하지만 그로부터 약 5년이 지난 지금은 그 말의 의미를 안다. 그 의미는 바로,

'실적 100% 이상 달성하는 우수 영업사원'

어느 업종이든, 영업 직무에서 종사하는 사람들이라면 매일, 매주, 매월, 매년, 실적에 많이 민감할 수밖에 없고, 실적이라는 숫자로 모든 것을 평가받아야 한다. 일종의 성적표라고 보면 되고, 과정보다는 결과가 더 중시되는 이러한 영업부의 문화는 영업사원이 감당해야 할 숙명이다.

"너 저번 달에 몇 % (달성) 했어?"
"95% (달성) 했습니다."

이 때 '나란 존재'는 '95%'로 판단된다. 학창시절 우리 모두가 시험점수 100점을 좋아했듯, 회사 영업부에서도 '100'이라는 숫자를 정말 좋아한다. 실적이 좋은 영업사원은 회사생활이 너무 즐거울 것이다. 거래처와의 유대관계가 탄탄하여, 그 유대관계를 토대로 좋은 실적을 달성하고, 결국엔 사내에서 인정받는 하루하루를 보낼 테니! 영업사원이라면 누구나 꿈꾸는 이상적인 회사생활이다.

다만, 아무리 실적이 좋은 영업사원이라고 해도 그 실적이 영원하리라는 보장은 없다. 누군가는 실적에 웃고, 누군가는 실적에 울며 퇴사까지 결심하기 때문에 나는 항상 마음속에 되새긴다.

'실적 앞에 겸손하고 또 겸손하자'
'실적 앞에 일희일비하지 말자'

이 글을 쓰는 와중에도, '매월 100% 실적 달성하면 얼마나 좋을까?'라는 생각을 하고 있는 내 자신이 요즘말로 표현하자면 웃프다. 하하…

'열심히'가 아닌 '잘' 해야만 하는, 나를 비롯한 대한민국 모든 영업사원에게 힘내라고 말하고 싶다.

지찬솔 파이팅!
대한민국 모든 영업사원 파이팅!

제약영업을, 버티다.

뻔한 질문부터 시작할게요. 아주 뻔한 얘긴데, 실적에 대한 압박감에 대해서 이야기해보고 싶네요.

　한 달에 한 번씩 월별 성적표를 받아요. 실적 성적표. 실적에 자신 있는 직원들은 실적이 빨리 나오기 바라겠죠. 빨리 나와야 지점장님으로부터 칭찬을 받을 테니까요. 그런데 어떻게 매번 실적이 잘 나오겠어요. 자신 있는 달보단 마음이 쪼그라드는 달이 더 많을 거예요. 그 압박감은 영업사원이라면 감수해야만 하죠. 그래도 실적이 괜찮게 나오면 안도의 한숨이 나와요. 그런데 제가 생각한 것만큼 실적이 좋지 않으면, 실적이 잘 나올 때까지 스트레스는 이루 말할 수 없어요. 저희 아버지도 식품회사 영업을 하셨고 노력하신 끝에 본부장까지 지내신 분이기 때문에, 아버지랑 종종 이런 이야기를 나누곤 해요. 실적 압박을 안 받는다면 비정상이죠. 그런데 진짜 영업을 잘하는 사람은 그 자체도 즐기는 것 같아요. 매달 '실적'이라는 성적표를 받지만, 압박감 자체도 즐길 수 있는 사람이 영업을 잘한다고 생각해요. 물론, 저는 아직 그 정도는 아니죠. 아직도 조마조마하거든요. 압박을 즐기면 좋을 텐데 말이죠.

압박을 즐긴다는 건 무슨 의미에요?

　'그런가 보다'라며 쿨하게 넘기는 거죠. 태연스럽게 반응하는 거. 실적이 안 좋네? 다음 달에 잘하면 되지 뭐, 이런 거죠.

그런 사람을 실제로 본 적이 있어요?

있죠. 지금 내가 담당하는 지역의 이전 담당자가 그랬어요. 까짓것 다음에 잘 하면 돼, 이런 긍정적인 자세. 저 선배는 어떻게 자신감이 넘치지? 다음 달에 믿을 구석이 있나? 2보 전진을 위한 1보 후퇴인가? 오히려 호기심을 자극하죠. 결국 그 선배는 대박이 터져요. 저는 아직까진 직장 상사의 눈치를 보다보니 실적 압박을 받아요. 저희 아버지도 저에게 "직장 다닐 때 실적 압박 자체를 즐기지는 않았다"고, 스트레스 많이 받으셨다고 하더군요.

그야말로, 성적표가 탁 나오는 거니까 압박감을 느낄만도 해요.

예, 1년간 열두 번의 성적을 받는 거예요. 영업사원은 '계획 대비 몇 프로 달성 하는 직원', 이런 타이틀이 붙어요. 그게 그 직원의 이미지가 되죠. 성실? 성실은 아버지 세대에는 중요했지만 지금은 성실 자체보다는 "숫자가 깡패"라고, 숫자(실적)만 잘 나오면 인정받는 것 같아요.

당연한 대답이 나올지도 모르지만, 왜 그렇게 좋은 실적을 원하는 거예요?

인정받고 싶으니까요. 실적 압박에 시달리고 싶지 않기도 하구요.

왜 인정받고 싶어요?

그래야 인센티브도 받고 빨리 진급을 하니까요. 죄송해요, 이 질문에 대해 뭔가 멋진 말을 하고 싶은데… 현실적인 대답밖에 떠오르질 않네요. 하하

아니에요, 단지 이유를 물어보고 싶었어요.

가장 큰 이유는 앞서 말씀드린 것처럼 인정받고 싶어서죠. 그리고 부수적인 이유는 혼나기 싫거든요. 하루하루 스트레스 안 받고 편하게 살고 싶으니까요. 실적 좋으면 누가 터치하겠어요. 회사에서도 실적 좋은 직원은 믿고 맡겨요. 왜냐하면 그 직원은 뭘 해도 될 것 같은 믿음을 주니까요. 그런데 실적이 안 좋은 직원이 뭘 해보겠다고 하면 "야, 그렇게 한다고 되겠어?" 식의 반응이 어느 정도는 있는 것 같아요.

해외축구로 비유하자면, 최근 몇 년 성적이 좋은 맨체스터 시티가 새로운 시도를 하면 실험적이라고 해서 좋아하는데, 최근 몇 년 성적이 안 좋은 맨체스터 유나이티드가 하면 욕먹는 거랑 똑같네요.

한편, 어찌 보면 좋은 실적을 받고 싶어하는 이유가 꽤나 단순해 보여요. 물론 이건 부정적인 의미로 드리는 이야기는 아닙니다.

맞아요, 절대 복잡하지 않아요. 결국 스트레스 안 받고 싶은 거예요. 그러니까 실적을 중시하죠. 회사의 이윤 창출? 제가 아직은 오너의 위치에 있는 것은 아니다 보니 그런 거창한 말을 하고 싶진 않아요. 지극히 현실적으로 스트레스 안 받고 편하게 살고 싶으니. 그게 제일 큰 거예요.

그렇다면, 실적을 향한 무한경쟁에 놓여 있는 사람으로서 스스로를 봤을 때 경쟁자로서의 근력이 있는 거 같아요? 일종의 경쟁 근력 같은 것.

아직 내공이 부족해요. 경쟁을 하며 제가 뭔가 주도적으로 하고 있다고 말하기엔 부족하죠. 다만 그렇게 되고자 노력은 해요. 그런데 그게 쉽지 않더라고요.

그런 건 좀 타고난 기질의 영향도 있지 않을까요?

예, 사실 대부분의 대한민국 사람들이 자신의 장점보단

단점이 많다고 생각하잖아요. 저만 그런가요?(웃음) 우리나라 사람들 보면 자신의 단점을 쓰라고 하면 시간이 모자랄 정도에요. 가령, 실적이 잘 나와도, "와 이번 달 실적 좋다!"라며 좋아하는 것은 잠시 뿐, 그럼에도 불구하고 "다음 달 실적은 잘 나올 수 있을까?"라고 바로 걱정하게 되는… 저도 그러한 사람들 중 한 명인 것 같네요.

무슨 말인지 알겠어요. 좀 다른 얘기를 해보죠. 영업 때문에 압박감도 크지만, 영업을 하면서 짜릿할 때도 분명 있을 거 같아요.

짜릿할 때요? 있죠. 철옹성 같던 의사 선생님, 그야말로 '와, 정말 이 병원 의사 선생님은 평생 가도 우리 약은 처방 안 해줄 것 같다'라고 생각해왔던 의사 선생님이 시간이 지나 저를 믿고 저희 회사 약을 처방해주기 시작하실 때. 이럴 때 일종의 행복감 같은 걸 느껴요. 구체적인 사례까지 말하기는 좀 어렵지만, 결론적으로 제가 고객님의 마음에 든 것이죠.

행복감이라는 표현은 무슨 의미죠?

흠… 딱히 떠오르진 않지만 일종의 뿌듯함, 보람이라고나 할까요? 되게 짜릿해요. 그 짜릿한 경험을 회사 영업사원들 앞에서 발표한 적도 있어요.

당시 썼던 방법이 기존에 없던 신선한 방법이었나요?

반드시 그렇진 않아요. 지점별로 "영업 성공사례 발표하라"고 하면 보통 최소 대리 직급 이상의 선배님들이 발표하시거든요. 사원들은 아직 일하는 방법도 잘 모르고, 딱히 성공사례라고 자신 있게 발표하는 게 쉽지 않거든요. 하지만 당시 제가 속한 지점은 사원급 직원을 내보냈죠. 그게 바로 저였어요. 제 경험을 작성해서 제출했고, 그 제출물이 결국 본선에 올라 제가 지점 대표로 발표를 하게 됐죠.

사실 처음에는 너무 부담이 돼서 진짜 하기 싫긴 했어요. 친구들 앞에서 발표하는 것도 낯간지러운데 선배님, 임원진 분들 앞에서 "이런 식으로 거래처를 성장시켰습니다"라고 말하는 게 사원 입장에서 어려웠어요. 발표를 준비하면서 '내가 한 건 성공 사례가 맞을까?'라는 생각을 계속 했던 것 같아요. 겸손해지는 거죠. 보통 남들이 한 건 엄청 대단해 보여도 내가 한 건 대수롭지 않아 보일 때가 있잖아요. 그 때가 그랬던 것 같아요. 하지만 "없어 보이는 것도 있어 보이게 하는 게 영원사원의 능력이니까 자신 있게 발표해!"라고 조언해 주셨던 지점 선배님의 응원에 용기를 얻어 발표를 잘 마무리 할 수 있었어요. 지금 생각해보면 추억이고 필요한 훈련이었다고 생각해요.

없어 보이는 것도 있어 보이게, 라는 표현이 재밌네요. 혹시 같이 일했거나 지금 일하는 선배들 중에 롤모델이 있나요?

딱, 어떤 선배님라고 구체적인 실명을 거론하기는 어렵지만, 데이터에 대한 감이 아주 좋으신 선배님들을 닮고 싶어요. 아는 것도 많으시고, 두뇌회전도 빠르셔서 일의 진행 속도가 빠르신 선배님들이요. 그런 선배님들은 큰 그림을 그리고, 영업을 즐기시고, 한 수 앞을 내다보는 스타일이신 것 같아요.

그런 건 타고난 감인 거죠?

예, 그걸 흔히 센스라고 하죠. 노력해서 발굴할 수 있는 센스가 있고, 정말 타고나야만 하는 센스가 있다고 봐요. 저는 일을 정말 잘하시는 선배님들이 갖추신 영업사원으로서의 기질은 아직은 못 따라가는 것 같아요. 저는 성실, 우직, 그런 걸로 승부를 보려고 노력했던 사람이거든요. 그런데 이제 영업도 '성실'만 갖고는 안 된다고 봐요. 사람의 마음을 얻으려면 성실보다는 요령껏 잘 하는 게 중요하죠.

의사 선생님들의 경우도 다 케이스 바이 케이스에요. 가령, 어떤 의사 선생님께 영업을 시도하다가 실패할 수도 있죠. 그럴 땐 전략을 수정해야 해요. 일을 잘하시는 선배님들께서는 이럴 때 수가 빠른데, 저는 그게 아직은 조금 더딘 것 같아요. 내공이 없어서 그럴 수도 있고, 타고나게 더딘 거일 수도 있고요.

그렇군요. 동시에 제게 떠오르는 궁금함이 있어요. 사람마다 살면서 마음에 생기는 상처가 있잖아요. 그로 인해 자존감이 낮아질 수도 있고요. 혹시나 이러한 상처가 영업을 할 때 장애물이 된 적은 없나요? 결국 영업이라는 게 관계와 깊은 연관성이 있으니까요.

아무래도 자존감이 영향을 많이 주죠. 겁나요. 특히나 저는 학벌에 대한 콤플렉스가 많았던 사람으로서, 우리나라 최고의 엘리트들인 의사 선생님을 상대로 영업을 하다 보니 시작부터 너무 저자세로 나가기도 했어요. 사실 그럴 필요까진 없는데 말이죠. 영업이라는 거 자체가 '을'의 입장에 설 때가 많긴 하지만, 을-병-정-무까지 가기도 했으니까.(웃음) 시작부터 "나는 무입니다"라며 다가가기도 했다는 거죠. '의사 선생님들은 나랑은 다른 길을 걸어왔어'라는 생각과 막연한 어려움… 그것 때문에 많이 힘들었어요. 필요 이상으로 저를 너무 깎아내린 거예요. 의사 선생님 앞에서 작아지는 저를 보게 된 거죠. 특히나 입사 초기 당시에는 잘 몰랐는데, 이제 와서 그 시절을 생각해보니, '그럴 필요까지 없었는데' 싶더라고요.

어느 정도까지 본인을 '무'로 깎아내렸나요?(웃음)

벌벌벌 떨었어요. 일반 대중하고 의사선생님이라는 집단은 저에게 다르게 다가오더라고요.

물론 태어나서 처음 했던 소개팅 때처럼 떨진 않았습니다.(웃음)

한편으로, 지난번 이야기와 연관해서 이런 생각도 드네요. 의사들은 영업사원이 자기 앞에 와서 긴장하는 걸 즐길 거 같기도 해요.

그것도 케이스 바이 케이스에요. 물론, 의사 선생님 입장에서는 영업사원이 어려워하는 걸 좋아하실 수도 있어요. 하지만 반대로 "담당자가 그렇게 떨어서 어떻게 약을 팔 거예요?"라며 저를 걱정해주셨던 의사 선생님도 있었어요. 그래서 제가 "아, 제가 신입사원이라서요…"라고 말씀드렸더니 "그렇게까지 긴장할 필요 없어요"라고 말씀하시더군요.

그래도 지금은 그때를 바라볼 수 있는 여유 같은 게 생겼을 거 같아요. 혹시 '아, 내가 신입사원 티는 좀 벗었구나' 싶을 때가 있나요?

처음 보는 의사 선생님께 떨지 않고 명함을 드리면서 인사를 드리는 제 자신을 발견했을 때, 그리고 '이 병원 의사 선생님께서 우리 약 처방 안해주시면 다른 병원에가서 영업하면 되지 뭐'라는 막연한 자신감이 있을 때, 그런 생각이 드는 거죠. 병원이 여기밖에 없어? 아니면 마는 거지. 이런 배짱이랄까.

그런 건 한 마디로 내공이 생기고 있다는 거네요?

제가 나중에 과장, 차장 혹은 부장 직급까지 계속 승진하게 되도 "난 아직 완성형이 아니다"라고 말할 것 같아요. 연차에 따라서 또 다른 어려운 점은 계속 생길 테니까요. 그래도 서서히 나아지고 있는 건 분명해요.

'서서히'라는 '나아지고' 있다는 게 중요해 보입니다. 또 하나 궁금한 게 있어요. 결국 어떤 회사의 약을 사용할지 선택하는 권한은 의사에게 있잖아요. 그리고 그 의사의 마음을 움직이는 게 영업사원의 역할이겠죠. 어찌 보면 영업이라는 건 의사의 니즈를 충족시켜주는 고도의 기술이라는 생각이 드는데, 이건 어찌 보면 저로선 조금 부정적으로 느껴지는 부분이기도 해요. 왜냐면 뭔가 의사 입맛에 맞게 행동해야 약을 써주는 느낌이 들거든요.

반대로, 의사한테 가서 회사에서 만든 약에 대한 지식적인 부분을 잘 어필해서 성과를 올리는 경우는 많이 있는 편인가요?

리베이트로 영업을 하던 시절은 지났다고 봐요. 이제는 각 제약회사마다 투명하고 건전하게 영업하려는 노력들을 해

오고 있고 대부분의 의사 선생님들께서도 이러한 사회적 흐름을 이해하시고 약 자체의 효능에만 관심을 갖고 바라봐 주세요. 즉, 이제는 정말 좋은 약, 그러니까 의사 선생님께서 먼저 찾을 수 있는 약을 개발하는 게 모든 제약회사들의 화두가 되는 거죠. 그렇기 때문에 제품을 많이 알고 있는 게 당연히 중요해요. 자연스럽게 영업사원들도 약에 대한 공부와 지식을 많이 쌓아나가야 해요.

그렇군요. 그럼 보통 의사들한테 약에 대해서 어느 타이밍에 설명하시나요?

일단 가서 "안녕하십니까! 00제약회사 000입니다" 그렇게 인사를 드리죠.(웃음) 그러면 의사선생님께서 "아, 왔어요? 오늘 뭐 회사에 특별한 소식 있어요?"라고 물어보시기도 하고, 아니면 "오 왔어?" 하면서 그냥 자기 일 하는 의사 선생님도 계시고. 이것도 그야말로 케이스 바이 케이스에요. 그냥 가기 뭐하니 회사에서 나오는 간단한 판촉물도 가지고 가요. 이 병원 가서 무슨 얘기할까 궁리를 하는 거죠. 왜냐면 의사 선생님마다 스타일이 다르시니까요.

오히려 약 이야기하면 싫어하는 의사 선생님도 계세요. "야, 다 알어. 그만해!" 이런 스타일의 의사선생님한테는 당장은 약 이야기는 못 하겠죠. 반면에 "아 그래? 그런 약이 있었어?"하고 관심 가져주시는 의사 선생님도 계시고요. 다 다른 거죠. 하지만, 면담을 하더라도 진료실 밖에 환자가 대기하고 있기 때문에 길게 이야기는 못 해요. 타이밍이라는 게 정형화되어 있지 않아요. 인사드리자마자 바로 제품 이야기할 때도 있고, 주위를 먼저 환기시키고 제품 이야기를 할 때도 있고. 예를 들면 축구를 좋아하시는 원장님이라면 "원장님 어제 손흥민 골 보셨어요?" 이런 식으로⋯ 이야기가 오고가다가 자연스럽게 제품 이야기를 꺼내기도 하죠.

포인트는 자연스러움에 있군요?

예, 자연스러움이요. 어색하면 안 돼요. 물론 이 타이밍을 잡기 힘든 의사선생님도 있으시죠. 이쯤에서 약 이야기를 해야 하나? 그냥 다음 번에 다시 방문드렸을 때 이야기할까? 결국 여러 번 경험을 해봐야 하는 것 같네요

그러면 의사와 대화를 풀어갈 때 사용하는 나만의 방식이 있을 거 같아요. 어떤 부분이 가장 자신 있나요? 가령 누군가한테는 유머일 수도 있고, 누군가한테는 진지함일 수도 있겠죠. 누군가한테는 편안함일 수도 있을 테고요.

저는 뭐랄까… 흠, 풍채에서 오는 듬직함? 좀 성실한 이미지가 있는 거 같아요.

실제로 의사들이 그런 피드백을 주나요?

예, 지점장님과 함께 동행 방문 때 종종 피드백을 주시는 의사 선생님이 계세요. "아, 성실한 직원이에요. 회사에서 직원을 잘 뒀네!" 그런 식으로. 의사 선생님께서 듣기 좋으라고 해주시는 말이라 할지라도 지점장님과 동행할 때 그런 피드백을 듣게 되면 기분 좋죠. 그리고 친한 의사 선생님은 "넌 이런 게 장점이고 이런 게 단점인데, 잘 활용해서 영업 할 때 잘 활용해봐" 혹은 "00제약회사 영업사원은 한 달에 한 번 오는데, 너는 그래도 꾸준히 와서 인사하고, 약 처방해줘서 감사하다고 하는 거 보면 요령 피는 영업사원은 아닌 거 같아"라는 얘기를 해주세요. 가끔 저보고 요령이 없다든지 센스가 없다고 지적하는 의사 선생님들도 계시고요.

성실하다는 피드백은 들을 땐 마음이 어떤가요?

이게 내 장점이구나 싶긴 해요. 회사에서도 저는 그런 이미지인 것 같아요. 명석하고 머리가 좋고, 똑똑한 편은 아니지만, 그래도 출근해서 일하는 거 보면 성실하게 일하는 이미지를 갖고 있는 거죠. 일을 잘하고 못하고를 떠나서 '쟤는 요령은 안 피우겠다' 싶은 이미지. 그렇게 제가 가진 성실함으로 회사 내부에서 인정을 받고자 노력해요. 물론, 성실도 중요하지만 성실함뿐만 아니라 실무능력까지 갖춘 직원이 되려면 더 많은 노력을 해야겠죠.

사실 인정을 받아야 일할 맛이 나죠.

그리고 궁금한 게 또 있습니다. 만약 의사 입장에서 어떠한 제약회사의 약을 새롭게 쓰게 되면, 기존에 처방했던 다른 제약회사 약을 뺀다는 거잖아요. 그랬을 때 의사 입장에서는 괴롭지 않을까요?

꼭 그렇지만은 않을 것 같아요. (웃음)

예, 대답은 웃음으로 대신하겠습니다. 제가 너무 아름다운 생각을 했네요. 그리고 연이어 드는 궁금함은, 제약 회사들 사이에 실제로 약의 퀄리티 차이가 있느냐는 점이에요.

있어요. 모든 경우가 다 그런 것은 아니지만 전반적으로 봤을땐 규모가 큰 회사가 좋은 제품을 만드는 것 같아요. 돈도 많으니 투자도 많이 하잖아요. 물론, 회사 규모가 크지 않아도 각 회사마다 의사 선생님들한테 어필할 수 있는 약들을 갖고 있는 경우도 많아요.

예, 어느새 마지막 질문입니다. 이건 너무 아름다운 질문일 수 있는데요. 보통 우리가 '업'이라는 표현을 썼을 때, 영업이란 '업'에 대한 자부심? 그런 부분이 있는지 궁금해요.

질문이 아름다운만큼, 저도 아름답게 포장해서 대답을 해야 하는데 쉽지 않네요.(웃음) 물론 저에게도 자부심이 있어요. 보통 '제약영업' 한다고 하면 사람들이 가장 많이 물어보는 질문이 "제약영업은 술 많이 먹고 접대 많아서 힘들지 않아?" 거든요. 어느 한 지인으로부터 "난 나중에 자식 낳으면 제약영업은 못 시킬 것 같아, 너무 힘들고 오래하기 힘든 직종이야"라는 말을 들었을 때 마음이 아팠어요. 하지만 중요한 건, 대중이 어떻게 생각을 하든지 간에 저는 지금 그 일을 하고 있다는 거죠. 그 일을 하루하루 열심히 해내고 있다는 거. 그 자체가 자부심이에요.

버텨내고 있다는 자부심?

예, 맞아요. 소개팅을 나가도, "무슨 일 하세요?" "제약영업 합니다" "아, 진짜 힘든 일 하시네요" 이런 식의 대화가 오가곤 했어요. '그래요, 난 그 일을 하고 있습니다. 당신이 진짜 힘들겠다고 생각하는 그 일을 저는 열심히 하고 있습니다.' 그렇게 생각하는 거죠. 그게 저한테는 자부심이에요.

한편으론, 제약영업은 너무나 힘들다고 하는 선입견도 있지만, 다른 한편으론 빡센만큼 월급은 괜찮게 준다는 선입견도 은근히 있어요.

선입견이라고만 볼 수는 없어요. 월급을 많이 주는 제약회사들도 분명 있거든요. 그런데 거기서 한 단계 더 나아가자면, "난 월급을 많이 줘도 제약영업은 안 해"라는 생각을 가진 대중들이 아직은 많다는 거죠. '돈을 떠나 제약영업은 힘들기만 한 직업이다'라는 식의 편견이 대중들에게 있지 않았으면 좋겠어요.

그런 의미에서 한 세대 먼저 영업을 하셨던 아버지가 더 존경스러울 수 있겠네요.

그렇죠. 그러니까 아버지한테는 사랑한다는 말이 잘 안 나와요. 대신 존경한다는 말이 나오죠. 나이 먹으면 먹을수록, 사회생활 하면 할수록, "아버지 사랑합니다" 대신 "아버지 존경합니다"라는 말이 나오더라고요.

그런데 어쨌거나 두 분이 업계가 다르잖아요. 그랬을 때, '아버지를 존경하지만, 그래도 아버지가 제약 영업을 해보신 건 아니니까…'라는 마음이 있지 않나요?

있죠. 아버지도 그 부분은 인정해주세요.

어떻게 인정해주시나요?

아버지는 대리점 영업 관리였어요. 맨 땅에 헤딩 영업이 아니고, 대리점주들이 있으면 그들을 관리해주는. 회사와 대리점의 가교 역할을 했죠. 예를 들어, 00지역 대리점이 있다고 치면, 그 대리점에서 그 지역 내 'XX 마트'에 납품하는 거죠.

어떤 면에서는 갑에 가깝네요.

때론 갑일 수 있죠. 반대로 점주가 영업을 잘 하면, 자기 목소리를 내잖아요. 그러면 때로는 아버지가 을이 될 수도 있고요. 지금에 와서 아버지도 종종 말씀하세요. "너는 지나가다가 보이는 병원, 난생처음 보는 의사 앞에서 영업해야 했지만, 난 그런 영업은 안 했다"

그렇다면 아들 입장에서 봤을 때 아버지의 성공 비결은 뭐에요?

그냥 영업의 신이에요.

영업의 신이 될 수 있었던 비결이 있을 거 아니에요.

독사에요 독사. 예전에 저희 집이 이사를 해서 집들이를 했을 때, 아버지 회사 직원분들이 술을 한 잔씩 하시면서

"너 잠깐 이리 와봐, 너 나한테 혼 좀 나야겠다. 내가 너 아버지
한테 얼마나 많이 혼났는지 알아?"라는 식의 농담을 던지셨어
요. 그만큼 독하셨대요.

독하다는 건?
빈틈을 안 주는 거예요.

때로는 인정사정없이?
진짜 빈틈이 없었대요. 업무적으로 흠잡기가 쉽지 않았
다는 거죠. 흠집을 내고 싶어도, 업무적으로는 흠이 없는. 그
래서 독사.

**영업의 신의 아들이니 아들에게도 그 DNA가 흐르지 않을까
요?(웃음)**
프로야구로 비유하면 왕년의 대스타 이종범의 아들 이
정후가 지금 정말 잘하고 있잖아요. 저도 그러길 바랐으나 그
정도까진 아닌 거 같아요.(웃음)

그래도 그 DNA가 흐르고 있으리라 믿습니다.(웃음) 한 가지만 더 질문을 드리며 인터뷰를 마칠게요. 제약영업을 꿈꾸는 취준생 후배들한테 해주고 싶은 말 없나요?

조심스러운 말인데요. 우리 업계를 비하하자는 의도는 없지만, 아까 말했듯이, 힘들다고 하는 사람이 많아요. 저도 제가 업계에서 얼마나 살아남을지 모르겠고, 저보다 늦게 입사한 후배들이 먼저 그만두기도 하고.

정말 신중하게 생각하면 좋겠어요. 이렇게 말하는 게 모순인 건, 힘든 취업과정을 거쳐가면서 여기까지 왔을 거 아니에요. 취업을 준비하는 취준생들의 심리를 모르는 게 아니에요. 처음부터 제약영업을 해야겠다라고 생각하는 취준생도 있지만, 제약영업은 힘들다는 사회적 편견 때문에 다른 업종의 회사에 지원했다가 다 떨어지고 최후의 보루로 제약 영업을 생각하는 취준생들도 아직은 많은 것 같아요. 취준생 본인이 제약 영업을 한다고 가정했을 때, 남들의 시선에 때론 자존심 상할 때도 있을 수 있지만, 그것도 그냥 가슴 한켠에 묻고 이겨낼 수 있는, 자신감 있고 자존감 높은 취준생들이 많이 지원했으면 좋겠어요.

제가 정말 영업에 대해서 하고 싶은 이야기들은 앞으로 이어질 인터뷰를 통해 더 잘 표현되지 않을까 싶네요.(웃음)

"어떻게 매번 실적이 잘 나오겠어요. 자신 있는 달보단 마음이 쪼그라드는 달이 더 많을 거예요. 그 압박감은 영업사원이라면 감수해야만 하죠. 그래도 실적이 괜찮게 나오면 안도의 한숨이 나와요. 그런데 제가 생각한 것만큼 실적이 좋지 않으면, 실적이 잘 나올 때까지 스트레스는 이루 말할 수 없어요. 저희 아버지도 식품회사 영업을 하셨고 노력하신 끝에 본부장까지 지내신 분이기 때문에, 아버지랑 종종 이런 이야기를 나누곤 해요. 실적 압박을 안 받는다면 비정상이죠. 그런데 진짜 영업을 잘 하는 사람은 그 자체도 즐기는 것 같아요. 매달 '실적'이라는 성적표를 받지만, 압박감 자체도 즐길 수 있는 사람이 영업을 잘 한다고 생각해요.

물론, 저는 아직 그 정도는 아니죠. 아직도 조마조마하거든요. 압박을 즐기면 좋을 텐데 말이죠."

"아빠는 정말이지 그 누구보다 성실했어!"

"요즘 실적은 좀 잘 나오니?"
"최선을 다하는데 매달 만족하기는 쉽지 않네요."

20년 넘게 식품회사에서 영업을 담당하셨던 아버지는 제약회사에서 영업을 하고 있는 아들에게 실적과 관련하여 가끔씩 질문을 던지신다. 영업사원이 실적에 살고 실적에 죽는다는 것을 누구보다 잘 알고 계시기에…

아버지는 식품, 아들은 약품, 팔아야 하는 상품은 달랐지만 사람을 상대하는 '영업'이라는 공통점이 있기에, 아버지와 가끔 진지하게 회사생활과 관련하여 이야기를 할 때가 있다. 그럴 때면 통할 때가, 그리고 배울 때가 많다.

"내가 계장, 대리일 때 정말 열심히 일했지. 아빠는 정말이지 그 누구보다 성실했어."

가끔 옛 추억에 젖으시며 속된 말로, '잘난 척'을 하시는 아버지를 발견하곤 하지만 회사 재직 당시 별명이 '독사'였던 아버지의 모습이 어느 정도 상상이 되면서 아버지께서 가끔씩 말씀하시는 그 '잘난 척'에 나는 귀를 쫑긋 세우고 경청한다.

그리고 어느새 아버지의 그 '잘난 척'은 내 머릿속에 '존경'이란 단어로 자리매김하게 된다. 들을 때마다 새롭고, 경이롭고 배우고 싶다는 생각을 항상 하게 되며 '아들'이 아닌 '영업사원'으로서 아버지의 가르침을 터득하겠노라 다짐한다.

"찬솔아, 나 때는 한 우물을 판다는 마음가짐으로 성실하기만 하면 성공했다. 다른 사람보다 일찍 출근하고, 늦게 퇴근하는 것이 미덕이던 시절이야. 하지만 요즘은 아니잖아, 똑똑한 젊은이들이 너무 많아. 한 우물을 판다는 말은 요즘은 어울리지 않아. 능력 있으면 고액 연봉을 주는 회사로 이직도 자주하고, 더불어 늦게 출근하고 일찍 퇴근하는 사람이 능력 있는 사람이고 인정받는 사람이다."

아버지의 이 말 한마디가 매우 공감됐다. 실제로 어릴 적 내가 바라보는 아버지는 퇴근하셔서 집에 오셔서도 각종 서류를 살피시고는 팀, 실적, 거래처에 대해 많이 고민하셨던 기억이 난다.

말 그대로 한 회사에서 끝을 보기 위해 한 우물을 파시던 아버지의 모습.

그 노력으로 한 회사의 영업부 임원까지 역임하셨던 아버지의 모습.

참 신기한 것은 이러한 아버지의 모습이 지금의 나에게 어느 정도 묻어난다는 점이다.

퇴근하고 동네 카페에 들려, 그날 있었던 하루 일과 및 거래처, 제품에 대한 정보를 다시 한 번 파악하고 더 나아가 전월 실적에 대한 리뷰 등을 하는 내 모습이 마치 내가 어릴 적 바라보던 아버지의 모습과 매우 흡사하지 않나 싶다.

이 글을 쓰면서 아버지께 한마디 남기고 싶다.

"아버지 사랑합니다. 그리고 아버지 개인을 위해서가 아닌 가족의 생계를 위해 한 우물을 파셨던 영업사원으로서의 지난 20여 년간의 발자취를 너무나 존경합니다."

또한, 미래의 내 자식에게 떳떳하게 말하는 내 자신을 상상해본다.

"아빠는 정말이지 그 누구보다 성실했고, 그리고 더 나

아가 일도 잘했어!"라고 잘난 척하며 옛 추억에 잠기는 '아빠
지찬솔'의 모습을…

아버지, 앞으로도 저한테 잘난 척 많이 해주세요!

제약영업은, 현실이다.

최근 근황을 들려주시죠.

최근에 회사 차원에서 워크샵이 있었어요. 전체 1년 세일즈 리뷰를 했죠. 이 품목은 성장세가 높았고, 저 품목은 성장세가 낮았고… 이런 식으로. 또 영업채널을 나눠서 종합병원 사업부는 이런 식으로 성장을 했고, 제가 소속된 의원(클리닉) 사업부는 이런 식으로 성장을 했고, 뭐 이러한 리뷰를 하는 거죠.

그리고 내년에는 어떻게 영업할 것인가, 이 품목은 이렇게 하고, 연간 목표는 이렇게 달성을 하고, 이 품목 같은 경우는 이러한 방법을 토대로 열심히 영업을 해서 매출을 올리자, 이런 이야기도 나눴죠. 제약 회사에서 영업하는 품목이 다양하잖아요. 영업하기 상대적으로 힘든 품목의 경우 인센티브를 주기도 해요. 그렇게 하루 종일 교육을 듣고 나서 식사하고, 직원들끼리 술 한 잔 하면서 선, 후배들과 더 친해지는 시간을 갖기도 하죠.

이제 술자리에서 짬은 어느 정도인가요?(웃음) 10을 기준으로 7정도?

아… 이것은 확정지어서 말씀드리기 어려운 부분이에요. 선배님들하고 하는 술자리, 후배들하고 하는 술자리가 다양하거든요. 그래도 아직 전체적으로 보자면, 회사에는 저보다 후배보다 선배님들이 훨씬 더 많죠.

9랑 10은 안절부절 못하고 앉아있겠네요.

아무래도 그렇죠. 선배들이 편하게 대해주신다고 하지만 신입사원들은 엄청 부담스러울 거예요.(웃음)

입사하고 회식을 참 많이 했을 텐데, 회사 생활하면 '회식'이란 걸 빼놓을 수 없잖아요. 혹시 회식을 잘 할 수 있는 비결 같은 건 없나요?

아, 그건 아직도 잘 모르겠어요. 하지만, 한 가지 확실한 것은 가만히 앉아서 아무 말 안 하고 조용히 있는 직원보다는 선배들께 먼저 다가가려고 노력하고, 질문도 하는 적극성 있는 직원들이 회식 자리에서도 선배님들에게 이쁨 받는 것 같아요. 예전처럼 막 술 먹으라고 강요하는 분위기는 많이 줄어들었지만, 그래도 술을 아예 못 먹는 직원보다는 어느 정도 잘 먹으면 좋고, 가끔 노래방을 가게 된다면 신나게 분위기 띄울 수 있는 직원이 더 이쁨 받겠죠.

그렇다면, 반대로 지찬솔님은 후배들을 어떻게 대하는 편이에

요? 제 생각엔 그리 권위적으로 대할 거 같진 않은데요?

앞서 말씀드린 것처럼 아직은 회사에 후배보다는 선배님들이 더 많아요. 때문에 아직은 후배들과 크게 다를 바 없이 같이 배워가고 있다고 생각해요. 그래서 웬만하면 웃으면서 일하고 사이좋게 지내려고 노력해요. 제가 아는 부분에 있어서는 바로 알려주려고 노력하고요. 쓸 데 없는 군기는 안 잡으려고 애쓰는 편이죠. 회사가 군대는 아니니까요. 같이 일하는데 서로 얼굴 붉히는 거 싫잖아요. 영업 현장에서 의사선생님과 만나는 것도 만만치 않은 영업사원들인데, 적어도 회사에서는 서로 웃고 밝게 만났으면 하는 거죠. 후배들한테 좋은 선배, 모르는 것 부담 없이 잘 가르쳐주는 선배로 남고 싶어요. 후배들이 저를 그렇게 생각하고 있을지는 확실할 수 없지만.(웃음) 저는 흠… 요즘 흔히 쓰는 말로 '츤데레' 스타일은 아닌 것 같아요. 후배들이 실수를 했다고 해도 웬만하면 "괜찮아" 하면서 넘어가는 스타일이거든요. 물론 큰 실수를 했을 경우는 선배로서 따끔하게 한 마디 해주는 것도 필요하다고 생각해요. 좋게 타이를 때와 따끔하게 한 마디 해줘야 할 타이밍을 구분하는 건 제가 앞으로 더 배우고 노력해야 할 부분 같네요.

지금 말한 부분들은 타고난 성격일 수도 있고, 나름의 인생철학일 수도 있겠네요.

아까도 말했지만 저희 회사가 군대는 아니잖아요. 가령, 저희 회사가 군대의 사격훈련장이라면 후배가 실수할 경우 호되게 혼내야 해요. 생명이 오가는, 위험할 수 있는 장소니까요. 후임이 긴장해서 갑자기 총구를 사람 쪽으로 돌리거나 하면 큰일나겠죠. 그런데 회사가 군대 사격장도 아니고, 다들 남의 집 귀한 자식인데 이유 없이 함부로 혼낼 순 없죠. 똑똑한 직원은 일을 빨리 배워요. 하지만 대한민국 모든 사람이 그렇진 않잖아요. 저도 그랬고요. 제 스타일은, 조금 시간을 갖고 바라봐줬으면 하는 스타일인데. 회사는 제가 생각하는 그 이상으로 빨리 매출을 올려야 만족하는 입장에 있죠. 당장 결과물을 내야하니 실수하면 혼도 내고 때로는 욱해서 화도 내는 상황들이여기저기서 발생하기도 해요. 그래도 제 개인적인 철학으론 큰실수가 아닌 이상 다시는 실수하지 않게 직접 몸소 가르쳐주고타이르는 게 맞다고 봐요.

잘 지켜낼 수만 있다면, 건강한 철학으로 보입니다.

사실 저도 팀장 혹은 지점장 자리에 가면 변할지 모르겠는데… 예를 들어 '아, 왜 저런 직원이 우리지점에 있을까' 싶을수도 있겠죠. 당연히 지점장님 입장에서는 실적 좋고 일을 잘하는 직원이 좋을 수밖에 없을 테고요. 하지만 일단 저도 아직은 일을 배워가는 영업사원의 입장이고, 저 역시 선배님들로부터 많이 배우고 있거든요. 저 역시 선배 입장에서 후배 직원이 성장할 수 있을 때까지 잘 돕는 게 중요하다고 봐요. 가끔씩 후배들과 식사하면서 "어느 부분이 힘드니? 회사 생활에 고민거리는 없니?" 이렇게 먼저 다가가는 선배가 되고 싶어요.

동네 로컬 병원이랑 규모가 있는 병원은 영업할 때 조금 다른 부분이 있어요. 가령, 준종합병원 이상 되는, 규모가 큰 병원을 상대로 영업하는 경우 병원 앞에 있는 약국뿐만 아니라 병원 내에 있는 약제과라는 곳에도 가보는 것이 좋아요. 동네 로컬 병원과는 달리 규모가 큰 병원은 병원 내에 '약제과'가 따로 있거든요. 입원한 환자들은 병원 내 약제과에서 약을 조제하죠. 이런 점은 신입사원들이 모르는 경우가 종종 있어요. 이러한 점을 제약영업을 처음 해 보는 후배들한테는 잘 설명해줘야 하는 거죠. 그런데 아무 설명도 안 해주고 "그냥 너가 알아서 해!" 이런 식의 훈계는 적절하지 않다고 봐요.

예, 그 마음 조금은 알 거 같습니다. 분위기를 바꿔서, 지난해를 마무리하며 이런 부분은 좀 뿌듯했다고 느끼는 부분이 혹시 없나요?
작지만 그래도 조금 뿌듯한 건 회사 내에서 인정받고, 영업을 잘하는 선배 지역을 인계 받아서 큰 이슈 없이 매출을 지켜나갔다는 점이에요.

별 탈 없이 했다는 건 치열한 노력이 숨어있겠네요. 매출을 지켜 낸다는 게 보통 일이 아니잖아요. 매출이 좋은 지역을 이어 받았으니 긴 장도 많이 했을 테고요.

더 많은 성장을 이뤄내지 못한 점은 조금 아쉽지만, 그 래도 저 나름대로는 열심히 노력했다고 생각해요. 사실 이전에 제 지역을 영업했던 선배님보다 아직은 제가 부족한 점이 많 아서 마음속으로 비교하시는 의사 선생님도 있으실 것 같아요. "이전 담당자는 잘했는데" 이런 식으로요. 물론 대놓고 저에게 비교하시는 의사 선생님들은 안 계셨지만, 만약 계셨다면 마 음도 아프고 그 병원 가기 싫었을 것 같아요. 저희 회사 제품 을 많이 처방해주셨던 의사 선생님께서 바뀐 담당자를 마음에 들어하지 않는다는 이유로 거래가 지속되지 않는 경우도 종종 있거든요. 영업사원에게 한 해 동안 주어진 계획이 있는데, 매 출이 줄어들면 담당자들은 고민이 많아질 수밖에 없으니까요.

방금 말한 용어 중 '계획'이란 용어에 대해 설명 부탁드려요.

보통 연 초에 '한 해 1년 계획'이 월별로 다 나와요. 즉, 영업사원마다 월별로 달성해야 하는 목표금액이라고 생각하 시면 이해하시기 쉬울 거예요. 지역별, 혹은 회사제품에 특별 한 이슈가 발생하지 않는 한, 연초에 한번 정해진 계획은 수정 되기 쉽지 않다고 보시면 됩니다.

지금 담당하는 지역의 경우 이전 선배가 굉장히 잘 커버한 지역이었다고 했잖아요. 그럼 보통 선배가 뚫어놓은 곳 위주로 가는 편인가요?

의사 선생님께서 이전 담당자인 제 선배님과는 잘 맞았는데 저하곤 안 맞아서 결국엔 제 실적이 빠지는 경우도 있어요. 그런 경우 다른 병원에서 그 부분을 메꿔야죠. 결국, 영업이라는 것은 내 사람을 만들어야 하는 것 같아요. 내 사람을 만들기 위한 방법은 다양하지만 그 중에서 개원 준비 중인 병원 의사 선생님께 사전에 인사드리고 영업하는 것도 좋은 방법이라고 생각해요.

세팅되기 전?

그렇죠. 그런데 그것도 쉽지가 않아요. 왜냐면 병원 오픈하기 전에 의사 선생님을 만나기가 쉽지 않고, 지역 내 제약회사 영업사원들도 "어느 병원이 언제 개원 예정이다"라는 정보는 다 알고 있을 테니까요. 경쟁이 그만큼 심해지는 거죠. 하지만 병원 오픈 전에 의사 선생님과 사전에 만나서 저희 회사 약을 홍보하고, 장점을 강조하여 저희 약을 처방해주시겠다는 약속을 받으면 더할 나위 없이 좋죠. 오픈 직후 처방 시작하시는 약은 의사 선생님들께서도 웬만하면 다른 약으로 쉽게 바꾸지 않거든요.

제약 영업을 하며 새로 신규한 병원이 많은 편인가요?

있죠. 셀 수 없을 만큼 많다면 좋았겠지만, 하하! 그 정도
는 아니고요. 그래도 어느 정도는 있죠.

스스로 생각해 봤을 때는 어떤가요? 많은 편인 것 같나요?

구체적인 금액을 말씀드리기는 어렵지만, 기존에 인계
받은 병원의 매출을 올린 적도 있고요. 새로 신규하여 만족할
만한 양의 처방을 이끌어 낸 경우도 있고, 다양한 것 같아요.

**어쨌거나 전임 영업자와 본인의 캐릭터가 다르면 의사 입장에서
는 호불호가 갈릴 듯해요.**

그럴 수 있죠. 아무래도 전임 영업자와 캐릭터가 겹치면
좋을 것 같아요. 영업 스타일이 다르면 쉽지 않은 부분은 분명
있는 것 같아요. 하지만 열심히 영업 하다보면 전임 영업자와
본인이 캐릭터가 다르더라도 자신과 맞는 의사 선생님을 분명
만날 수 있을 거예요. 아무튼, 이유야 어찌됐든 항상 주어진 계
획의 100% 이상의 실적을 달성하고 싶어요.

어떻게 보면, 영업사원은 깔끔한 게 있는 거 같아요. 수치로 증

명하면 되니까.

네 맞습니다. 하지만 어찌 보면 무섭기도 하죠.

맞아요. 무섭고 잔인한 건 베이스로 깔려 있고요. 그 사람의 가치가 철저히 수치로 평가되니까요.

맞아요, 너 저번 달에 실적 몇 퍼센트 달성했니? 이 질문에 대한 답변이 저를 나타내는 지표가 되는 경우가 많은 것 같아요. 실적이 좋은 직원은 회사 다닐 맛 날 거예요.(웃음)

영업직에 특화된 사람들인 거겠죠?

예, 실적이 좋은 직원은 그만큼 회사에서도 굳게 믿어주고 더 잘 할 수 있도록 자신감을 심어줍니다. 물론, 실적이 좋은 직원도 일을 잘하는 만큼의 부담감도 갖고 있을 거예요. 그래도 회사 내에서 인정받고, 더군다나 자신을 인정해주는 사람이 사내에 많다는 점은 회사 생활을 하는 데 있어서 큰 장점이지 않을까 싶어요.

'수치'라는 결과로 증명해야 '존재'를 인정받는 것. 그게 비단 제약영업만의 일은 아닐 거 같아요. 다만 그러한 모습이 좀 더 극대화된 직

업이 아닐까 싶네요.

　　손발이 오그라드는 질문을 하나 드릴게요. 보통 아침 출근할 때는 어떤 다짐을 하나요? 그런 다짐이 있어야 출근할 때 힘이 생기잖아요. 저 같은 경우는 어쨌거나 제가 아이들을 키우고 있는 가장이니깐, '내가 안 나가면 우리 집이 망할 수 있다'라는 생각을 해요.(웃음) 애들이 굶을 수 있다는 절박함을 품는 거죠.

　　모르겠어요. 대한민국처럼 경쟁이 치열한 나라도 드물기 때문에, 글쎄요… 정말, 아침마다 뜨는 태양을 보며 희망을 발견하는 직장인이 얼마나 있을까요. 대부분의 직장인들이 하루빨리 금요일이 되기만을 바라지 않을까요?(웃음) "힘들지만 버티자!" 이거야말로 모든 직장인들의 현실이 아닐까 싶어요. 물론, 그 버팀 속에서 소소한 행복을 찾고자 노력해야 하는 것은 직장인 모두의 숙제라고 생각합니다.

　　흠, 그래도 나 자신을 움직이는 한 문장이 있을 거 같아요. 그게 없고서는, 이렇게 매출을 지켜낼 수 없다고 보거든요. 가령, "좀만 더 버텨서 좋은 데로 이직을 하자"는 다짐일 수도 있고. 진짜 내가 욕은 먹지 말자, 라거나. 나 자신을 강하게 움직이는 무언가. 단순히 버티는 것만으로는, 지금같이 해볼 순 없을 듯싶거든요.

　　현실적인 이야기를 먼저 해보자면, 지금 그만두면 날 받아줄 회사가 아직은 없다, 라는 생각 때문에 더 간절해져요. 저도 이제 적지 않은 나이에요. 경제도 어렵고, 그로 인해 취업도 너무 힘드니까. 회사들도 그걸 아는 거 같아요. 요즘 시국에 회사를 무턱대고 그만두기도 어렵고, 이직도 쉽지 않다는 것을. 흠… 제 자신을 움직이는 한 문장은, 글쎄요. 이 순간만큼 정말 멋져 보이는 문장을 생각해내고 싶은 욕심이 드네요.(웃음)

하지만 현실적으로 제가 항상 생각하는 것은 "욕은 조금만 먹자. 그리고 사람 구실은 하자"입니다. 예전에는 몰랐는데 제가 요즘 어렵다고 느끼는 것은 타인에게 피해주지 않고 평범하게 살아가는 거예요. '남들만큼만 살자' 이게 쉽지 않은 것 같더라고요. 참 쉽지 않은 것 같아요.

우리가 어릴 적 봤을 때 아주 평범해보였던 가장들. 때로는 너무 평범한 게 아닌가 싶었던 가장들이, 사실 백조처럼 물 밑에서는 미친 듯이 발길질을 하고 있었던 거예요. 그리고 그 위에 성공을 거둔 사람들은 미친 재능과 미친 노력이 결합된 사람들이었던 거겠죠.

맞아요. 제가 뭐, 아직 한 가정의 가장은 아니잖아요. 아직은 부모님 잘 모시고, 내 한 몸 남에게 피해주지 않고 잘 먹고 잘 살면 되는 것에 치중하는 상황이니까. 향후 10년 후에 책을 쓰면 또 다른 느낌으로 이야기할 듯싶어요. 아직까진 그래요.

"흠… 제 자신을 움직이는 한 문장은, 글쎄요. 이 순간만큼 정말 멋져 보이는 문장을 생각해내고 싶은 욕심이 드네요.(웃음)

현실적으로 제가 항상 생각하는 것은 '욕은 조금만 먹자. 그리고 사람 구실은 하자'입니다. 예전에는 몰랐는데 제가 요즘 어렵다고 느끼는 것은 타인에게 피해주지 않고 평범하게 살아가는 거예요. '남들만큼만 살자' 이게 쉽지 않은 것 같더라고요. 참 쉽지 않은 것 같아요."

원장님, 개원 축하드립니다!

입사한 지 반 년이 지났을 무렵, 인턴을 벗어나 정규직이 됐다. 하지만 기쁨도 잠시, "너 이제 인턴 아니다. 정규직이니만큼 신규도 더 많이 해야 하고 매출 증량에도 더 신경써야해!"라고 말씀하시는 지점장님의 메시지에 마냥 좋아만 할 수 없었다.

인턴기간을 통해 회사 및 제약영업이라는 직업에 조금 적응을 했다면 이제 정규직이 된 이상 나도 무언가를 보여주기 시작해야 한다는 책임감과 욕심이 밀려오기 시작했다.

"저희 원장님은 만나시는 제약회사 분들만 만나세요"

하지만, 신규를 위해 처음 찾아가는 병원들마다 카운터에서부터 면담을 거절당하기 일쑤였다.

'내가 능력이 없는 건가?'
'만나주시기만 해도 좋을 텐데…'

'내가 인상이 안 좋은가?'

생각과 고민이 많아지기 시작했다. 회사 선배님들께서
는 지금은 안 만나주는 병원들이 당연히 많을 시기라고 위로
해주셨지만, 나는 무언가를 해내고 싶은 욕심이 충만했다. 신
입사원, 더군다나 취업이 점점 힘들어지는 시기에 인턴직에서
정규직 전환까지 된 이상 무언가를 해야 한다는 압박감은 그렇
게 조금씩 커지고 있었다.

하지만, 그런 나에게도 기회가 찾아왔다.

바로 내 영업지역에 새로운 신도시 개발로 인해 아파트
단지가 들어서면서 입주민들이 조금씩 늘어나기 시작한 것이
다. 신도시 아파트 단지 주변상가 건물에 걸린 현수막에 쓰인
문구 〈전문의 2인 진료 내과 0월 0일 오픈 예정〉을 보며 슬그
머니 승부욕이 올라왔다.

이미 오픈한지 오래되어 운영 중인 병원들은 의사 선생
님들께서 오랫동안 처방해왔던 기존의 약들이 있으니 거래가
없던 내가 기회를 얻기는 힘들었을 것이다. 의사 선생님 입장
에서 생각해보면 간단했다. 처방해왔던 약이 오랫동안 환자에
게 문제를 일으키지 않았다면, 그 약을 계속 처방하면 그만일

것이다. 다른 제약회사와 새로운 거래를 할 필요가 없었다. 논리적으로 생각해보면 결론은 분명했다. 즉, 내가 취해야 할 액션도 분명했다.

병원 오픈을 준비하시는 의사선생님들을 만나 사전에 영업하면 '병원 오픈과 동시에 우리 회사 약이 처방 나갈 수 있는 신규 거래처를 확보할 수 있는 확률이 높겠구나'라는 생각이 불연 듯 든 거다.

상가 옆 부동산을 찾아가 오픈 준비하시는 의사선생님들께서 언제 병원에 종종 오는지 물어보며 하나 둘 정보를 입수하기 시작했다. 이러한 노력으로 "어느 지역, 어느 병원에서 근무하시던 의사선생님께서 오픈을 하신다더라" 같은 정보를 입수하면, 병원 홈페이지를 들어가서 정보를 파악해보려고 노력했다. 오픈 전 수시로 인테리어 중인 병원을 찾아가 원장님을 만날 수 있도록 노력했다. 퇴근 후에도 가보고 점심시간에도 가보고 내 명함을 인테리어 중인 병원입구에 스카치테이프로 붙이고 와보기도 했다.

이러한 노력 끝에 오픈을 준비하며 병원을 청소하고 계셨던 원장님 두 분을 만날 수 있었다. 원장님들께서는 공동개원을 준비하고 있었다. 원장님들께서도 "오픈하면 어느 약들을 처방해야 할지 고민"이라고 하시면서 "사전에 먼저 방문하신만큼 긍정적으로 약 처방을 고려해보겠다"고 했다. 이후에도 오픈 전까지 그 병원을 종종 찾아가 원장님께 인사를 드리고 회사 약을 디테일하며 눈도장을 찍어갔다. 그렇게 한 달이라는 시간이 흐르고 병원이 오픈을 하던 날.

"원장님 병원 오픈 축하드립니다. 지역 내 주민들로부터 인정받고 번창하는 병원이 되시길 바라겠습니다"라며 미리 준비해간 차를 한 잔 드리고 인사를 드렸다.

"우리가 한 달 전에 처음 봤던가요? 담당자가 알려줬던 약에 대해 저도 많이 알아봤어요. 좋은 약 같은데 약국에 구비 좀 시켜주세요. 조금씩 처방해 볼게요"

無에서 有를 창조한 느낌이었다. 오픈하지도 않은 병원을 타겟으로 잡아 오픈과 동시에 우리 회사 약이 처방으로 나오도록 영업을 했으니 말이다. 시간이 흐르고, 대부분의 제약회사 영업사원들이 병원 오픈하기 전 의사 선생님들과 컨택하여 영업한다는 것을 알았지만 이러한 보편적인 방법이 당시 신입사원인 나에게는 커다란 성과로 다가왔다.

그렇게 시작한 병원과의 거래 품목은 위장약에서 혈압

약, 간장약까지 확대되었고, 아파트 입주민이 늘어나면서 내 매출도 월 3만원에서 250만원까지 늘어나기 시작했다. 이러한 방법으로 신도시 내에 2개의 병원을 더 신규 할 수 있었다.

그렇게 나는 지점 내에서도 인정을 받아 전국의 영업사원들 앞에서 내 성공사례를 발표할 수 있는 기회를 얻었다. 신입사원 때 경험했던 이 작은 성공체험 하나로 제약 영업에 흥미를 붙일 수 있었고, 사무실이 아닌 현장에서 발로 뛰며 성과를 내는 외근직이 내 적성에도 맞다는 생각을 하게 됐다.

영업이 결코 쉬운 직무는 아니라고 생각한다. 하지만 작은 성공체험 하나가 회사 생활에 큰 버팀목이 되어주기도 한다. 나는 회사생활이 힘들 때마다, 전국의 많은 선배님들 앞에서 성공사례를 발표했던 그 순간을 떠올린다.

앞으로 더 큰 성공사례가 기다리고 있을 거라는 기대와 함께…

약사님, 저희 제품 구비 부탁드릴게요!

　제약영업을 크게 두 가지로 나누면, OTC(over the counter drug), 즉 일반의약품 영업과 ETC(ethical the counter), 즉 전문의약품 영업으로 나뉜다.

　쉽게 말해 일반의약품(처방전 없이 약국에서 구입할 수 있는 약) 영업은 약사님을 대상으로 영업하는 것을 말하고, 전문의약품(처방전이 있어야 복용할 수 있는 약) 영업은 병원에서 직접 약을 처방하는 의사 선생님을 대상으로 영업하는 것이라고 보면 된다.

　전문의약품을 영업하는 담당자로서, ETC영업사원이 바라보는 약국에 대해 써보고자 한다.

　ETC영업사원이 주의해야 할 점이 있다. ETC영업을 전담하는 영업사원도 약국을 무시해서는 결코 안 된다는 점이다. '의사선생님으로부터 우리 회사 제품 처방만 이끌어내면 되지!'라는 생각에 약국을 등한시해서는 좋은 결과를 이끌어

내기 쉽지 않다. 처방은 의사선생님이 하시지만, 환자는 약국에서 약사님이 조제하신 약을 받아간다는 점을 간과해서는 안된다.

의사 선생님께서 "○○제약 위장약 처방해볼게요"라고 약속을 하셨다면, 영업사원은 바로 병원 근처 약국에 방문하여 약사님께 ○○제약 위장약을 구비해달라고 부탁을 드려야 한다. 의사 선생님께서 ○○제약 위장약을 처방했는데, 약국에 그 약이 구비되어 있지 않다면, '약국'과 '약을 받아가야 하는 환자'는 무척 당황하게 될 수밖에 없다. 의사 선생님과 약사님, 그리고 환자 모두에게 00제약에 대한 좋지 못한 이미지를 심어줄 수 있는 거다.

신입사원 시절, 의사 선생님으로부터 회사 위장약을 처방해주시겠다는 약속을 받고 나서, 너무 기쁜 나머지 병원 밑 약국에는 공지하지 않고 타 병원으로 바로 이동했던 적이 있었다. 다음날 날아온 따끔한 한 마디.

"병원에서 처방해주기로 한 약이 있으면 약국에도 사전에 미리 말씀을 해주셔야 하는 거 아니에요? 병원에서 처방이 나왔는데 약이 구비되어 있지 않아서 환자분께서 당황하시고 화가 나셨어요! 약사인 제 입장도 고려해주셔야 하는 거 아닌가요?"

항의 전화를 받은 뒤 바로 약국에 방문하여 죄송하다고 인사드리고 약을 구비해 달라고 말씀드려야 했다.

약국에는 다양한 약들이 구비되어 있다. 병원에서 처방하는 약이 한두 개가 아니기 때문에 다양한 약을 구비해야 하는 약국 입장에서는 병원에서 처방하는 약에 대한 정확한 정보가 필요하다. 그 중요한 정보를 전달할 때 영업사원이 중간 역할을 해주어야 한다. 이 역할을 잘 해내서 약국으로부터 신뢰를 받는 영업사원이 된다면, 영업하는 데 있어 양질의 정보를 주시기도 한다. 예를 들어 병원에서 처방 나오는 경쟁품에 대한 정보를 약국으로부터 얻을 수 있다면, 영업사원은 이 정보를 토대로 의사선생님과 보다 구체적인 면담으로 영업을 할 수 있다.

OTC영업사원은 약사님만 만나면 되기 때문에 의사선생님을 만날 필요 없지만, ETC영업사원은 의사선생님과 약사님 두 분 모두를 만나면서 영업을 해야 한다는 것.

의사선생님만 중요하다고? 천만에!
약사님도 정말 중요하신 분이죠!

편입과 제약영업의 함수관계

2010년, 전역 후 편입을 준비했던 1년이 내 인생 가장 열심히 공부했던 시간이었다. '내년에 내가 다니게 될 학교는 지금과는 다른 학교일 것이다'라는 믿음을 가지고 꾸준히 밀어부쳤기에 원하는 결과를 얻을 수 있었다. '내가 좋은 실적을 달성할 수 있을까? 신규거래처를 발굴할 수 있을까?'라는 고민과 불안함이 밀려올 때마다 '포기하지 않고 공부했던 2010년'을 떠올린다.

꾸준하게 한 우물을 파는 노력 앞에 결과는 언젠가 나타날 것이라고 믿는다. 그 신념으로 하루하루 열심히 거래처를 누비고 있다.

저희 오늘은 시간을 한 번 과거로 확 돌려보기 원합니다. 저는 저희가 나누는 이야기들이, 회사생활 10년 이상 한 직장인이 아니라 취준생이나 대학생 혹은 사회 초년생들에게 더 와닿을 수 있다고 보거든요. 저희들이 나누는 이야기가 장밋빛 이야기가 아니기 때문에 취준생 입장에선 '아, 현실이 그렇지 않구나'라고 알려줄 수 있고, 사회 초년생들에겐 동질감을 줄 수 있다고 봅니다. 결국 '지찬솔이란 한 사람이 살아온 궤적'을 보여주면서 여러 사람들한테 동질감을 줬으면 하는 거죠.

사전 인터뷰를 했을 때 재수도 아니고 무려 3수를 했다고 하셨잖아요. 참고로 저도 3수를 했습니다.(웃음) 3수 했을 때 상황으로 돌아가 봤으면 해요.

결론만 말씀드리면 그때 당시 되게 힘들었지만, 사실 지금은 돈을 줘서라도 그때로 돌아가고 싶어요. 당시 수시 논술 전형으로 지원해서 거의 붙은 줄 알았던 XX대학교를 떨어졌는데, 엄청 슬펐던 기억이 나요. 수능 언어, 수리, 외국어, 사회탐구 영역 중 2등급이 두 개 영역만 나오면 되는데, 수리영역 한 문제를 더 틀리는 바람에 미끄러졌거든요. 인생에 있어서 정말 힘든 시기였는데, 지금은 돈을 줘서라도 그때로 돌아가고 싶어요. 군대 다시 가도 좋으니 다시 살아보고 싶거든요.

돌아가면, 재수 삼수 안 하고 군대부터 해결하고 바로 편입으로 뛰어들지 않았을까요? 한 살이라도 어려서 머리 세포가 활발할 때. 영어 단어 10번을 소리 내서 읽어야 외울 수 있다고 치면, 그때는 5번 소리 내서 읽으면 암기가 되던 때니까요. 이런 이야기를 하면 독자 입장에서 하나도 와닿지 않을지 모르겠지만, 돈을 줘서라도 돌아가고 싶어요.

당시 저희 아버지가 식품회사에서 이사 자리까지 가신 분이었거든요. 삼수하던 해, 수능 마치고 집에 왔는데 아버지께서 "시험 잘 봤느냐"라고 물어보신 뒤 "12월 31일부로 옷을 벗을 것 같다"라고 하시더라고요. 수능 앞둔 니가 알면 마음의 동요가 생길까봐 그 동안 이야기를 안 했다고 하셨죠. 너무 괴로워서 그날 엄청 울었던 거 같아요. 내가 수능을 못 봤는데, 아버지마저 상황이 안 좋으시니… 그로부터 한 달 뒤, 수능 성적이 나왔고, 결과가 별로였어요. 그 뒤로 여기저기 지원할 대학들을 알아보다가 아버지께서 저한테 말도 안 하고, 대학 정시 접수를 하시기도 했어요. 제 핸드폰으로 원서 접수 문자가 오더라고요. 저랑 상의도 안 하고 쓰신 거죠.(웃음)

혹시 아버지 때문에 화나진 않았어요?

붙어도 안 가면 되니 크게 신경 안 썼어요. 하지만 접수비가 드니까요. 아버지가 나중에 "재수, 삼수 하면서 너가 너무 패배 의식에 젖어 있어서, 너 점수로도 붙을 수 있는 대학이 있다는 걸 느끼게 해주고 싶었다"고 하시더군요. 학교 네임벨류를 떠나서 합격 자체의 맛을 느끼게 해주고 싶으셨던 거죠. 이유를 알고 나니 할 말이 없더라고요. 그 후로 여러 대학에 합격을 했어요. 고민 끝에 A대학교에 입학하게 됐죠. 최종합격 통보를 2월 말에 받았고, 3월 초에 바로 입학했어요. 솔직히 고3 때 성적으로도 충분히 갈 수 있는 학교를 시간과 돈을 많이 들여서 재수, 삼수까지 해서 입학했다는 게 너무 짜증났어요. 돈은 돈대로 버리고, 시간은 시간대로 버린 거니까요. 패배의식이 마구 밀려왔죠. 그렇다고 수능을 다시 볼 자신도 없었어요.

대학 가서 친구들은 좀 사귀었나요?

아무것도 모르고 입학했는데 신입생들이 제 뒤에서 다들 수군수군하는 거예요. "우리 앞에 저 사람은 누구지?" O.T에 갔다온 신입생들의 경우 이미 서로간에 어느 정도 인맥 형성이 돼있더라고요. 저는 추가모집으로 합격해서 걔네들이랑 친해질 시간이 없었죠. 게다가 저보다 2살 어린 동기들 사이로 자연스럽게 끼어들기도 어렵더라고요. 그래서 강의 끝나면, 자취방에 내려와서 쉬다가 다음 수업 올라가는, 그런 생활을 반복했어요.

왜 그렇게 사람 사귀기가 싫었어요?

학교에서 만난 동기들이 특별히 싫었던 건 전혀 아니고요. 제가 그냥 어울리기 싫었어요. 특별한 동기부여 없이 입학한 학교라서 그랬던 거죠. 그냥, 그야말로 공부만 열심히 했어요. 연고도 없는 지방에 와서 딱히 뭐 할 게 없더라고요. 학점이라도 잘 받고 등록금이라도 받자는 마음으로 지냈던 것 같아요. 요즘말로 '아싸'(아웃사이더)를 자처한 거죠. 솔직히 첫 학기는 공부 별로 열심히 안 했어요. '삼수나 해서 내가 이 정도 학교밖에 못 오고, 내가 지금 뭐하고 있는 건가…' 싶었거든요. 빨리 집 근처 동네 가서 "순대국이나 먹어야겠다" 싶었죠. (웃음) 제가 순대국 매니아거든요. 그런데 공부 열심히 안 했는데도 성적 우수 장학금이 나오더군요. 그 이후로는 '조금만 열심히 하면 되겠다' 싶어서 2학기 때 공부를 꽤 열심히 했더니 300명 중 3등을 했어요. 그런데 3등해서 기분이 좋았던 게 아니라 '좀 더 좋은 학교에 가서 공부하고 싶다'는 생각이 밀려왔어요. 대학교 1학년 마치고 바로 군대를 갔어요. 군대 가니 처음엔 부담이 없더라고요. 군대라는 곳이 고졸, 대졸 다 섞여있는 집단이다 보니 저도 학벌로 무시받는다는 느낌은 받지 않았어요. 그래도 시간이 지나 병장이 되니 생각이 많아지더라고요. 그때 당시 유행했던 싸이월드. 싸이월드 아시죠? 거기서 이 친구, 저 친구 미니홈피를 돌아다녀보니, 편입을 준비하는 친구가 있더라고요. 그때부터 본격적으로 '나도 편입 준비를 해야겠다'는 마음을 먹었죠.

들으면서 한 가지 의문이 떠오르네요. 왜 그렇게 대학이란 게 본인에게 중요했던 건가요? 뭐, 대한민국을 살아가는 사람들에게 이런 질문은 뻔할 수 있겠지만요.

제가 어떤 분명한 꿈이 있어서 좋은 대학을 가야겠다는 게 아니라, 그저 제가 장남이니까 부모님이 저에게 걸었던 기대가 있었죠. 일단 그것에 대한 스트레스가 컸고요. 중학교 고등학교 시절 이상하게 저보다 공부 잘하는 애들이랑 친했어요. 그러다보니 저절로 제 자신도 눈이 높아졌고요. 결국 제대가 다가오며 '편입해야겠다'는 마음을 먹고 말년 휴가를 나와 영어학원 등록을 해버렸어요. 소위 '편입 라이프'가 시작된 거죠.

'편입'이라는 생각이 머리에 자리잡는 순간, 대학 생활에 대한 마음이 더 떠났을 거 같아요. 대학교에서의 1학년을 지금 돌아보면, 어떠한 색깔인가요?

회색이에요.

좀 뿌연 느낌. 애매한 느낌, 그런 건가요?

맞아요, 칠흑 같은 어둠은 대학에서 떨어진 당시고요. 하지만 1년을 통틀어서 보자면 좀 희석이 돼서 회색인 거죠.

그렇군요. 다신 돌아가고 싶진 않은…

아무튼 편입 이야기를 좀 더 해보자면요. 편입학원을 등록하기엔 제가 아는 게 너무 없더라고요. APPLE에 'P'가 하나인지 두 개인지도 헷갈릴 정도였으니까요. 그래서 말년 휴가를 나와 토익 학원에 등록을 했죠. 편입의 경우 대부분의 학교들이 영어시험으로 학생들을 뽑는데 듣기평가는 없고 문법, 독해, 어휘 평가만 있거든요. 그래서 토익학원 RC반만 등록을 했어요. 1월 5일에 전역을 했는데, 한창 겨울이었죠. 12월 말에 말년 휴가 나와서 겨우 등록하고, 전역 신고하고 다음날부터 바로 신촌 YBM어학원을 나가기 시작했어요. 그때부터 1형식, 2형식 이런 것들을 기초부터 듣기 시작했어요.

어찌됐든 토익이 내 목적은 아니니까 토익 학원을 마치고 편입 학원에 상담을 받으러 갔어요. 제 상황을 설명했죠. "기본도 없어서 못 따라갈 거 같다"고 하니 "왜 그러셨느냐"고, "주어 동사도 모르는 분들을 위해서 기초반을 개설했다"고 하더라고요. 토익 학원은 한 달만 다니고 2월부터 바로 편입학원에 등록을 했어요. 그런데 아버지께서 "너 휴학은 안 돼, 복학해. 평일에는 학교에서 공부하고 주말에만 학원을 다니든지 해라. 그렇게 할 자신 있으면 편입 준비하고, 그렇게 못 할 것 같으면 시작도 하지 마"라고 말씀하셨어요. 3월에 복학하면 주말에만 학원을 다녀야 하는 상황이 된 건데, 동대문 쪽에 있는 편입학원에 주말 반이 있어서 거기로 상담을 갔죠. 거기 가서 상담을 받고 2월에 바로 등록했어요.

한편으론, 그렇게 맘에 안 드는 대학교에서의 주 5일 생활에 비하면, 차라리 편입학원 이틀이 마음 편하지 않았나요?

그렇죠. 그런데 마음이 편한 것도 편한 거지만, 좀 답답하기도 했어요. 불안한 거죠. 편입학원에 가보면 '제대로 씻는지 안 씻는지' 구분도 잘 안가는 상태로 공부에만 매진하는 학생들이 있었어요. 트레이닝복 차림으로 휴학까지 하고 공부하는 학생들이었거든요. 내가 이 학생들과 경쟁해서 승산이 있을까? 이 학생들은 편입에만 올인을 하고 있구나… 그런 생각이 드는 순간 두려움이 엄습했어요. 보통 학원에서 모의고사를 보면, 1등부터 꼴찌까지 명단을 붙이거든요. 가령, 상위 50%는 '지찬솔' 하위 50%는 '지○솔'이라고 게시해요. 저는 항상 하위 50%에 속하는 '지○솔'이었죠.

당시 모의고사 성적 명단에 내 이름 석자를 온전히 볼 수 있는 것을 1차 목표로 삼았어요. 내 이름 석자가 온전히 나오는 그 날을 위해 공부했죠. 하위 그룹에 있다가 어느 순간부터 내 이름 석자가 보이기 시작하더라고요. 운이 좋을 땐 30% 안에 들어가기도 했어요. 그렇다고 합격권은 아니었어요. 여름방학이 되고나선 주중반을 듣기 시작했죠. 일요일을 빼곤 월요일부터 토요일까지 빡세게 학원 다니며 공부했어요.

보통 편입학원의 하루 일과는 어때요?

주말반일 땐, 주중반이 주중에 받은 수업을 주말에 몰아서 받아야 해요. 오전 9시에 수업을 시작해서 저녁 6시에 수업이 끝나죠. 계속 수업을 하는 셈이에요. 주중반일 땐, 오후 2시쯤 수업을 끝내고 계속 자습을 하고요.

여름이 돼서 올인하니, 공부가 잘 됐어요?

날씨가 너무 더워서 오히려 학원에 살았어요. 밥도 바로 아래 김밥○○ 가서 먹고요. 주말반에서 만난 친구가 있었어요. 결국 저랑 같은 대학교로 편입을 하게 됐죠.

어쨌거나 밥이라도 같이 먹을 사람이 있었군요. 김밥○○에서 가장 선호하던 메뉴는 뭐였나요?(웃음)

제육볶음.(웃음)

대학교 1학년 시절이 '회색' 같았다고 했잖아요. 편입은 색깔로

비유하면 무슨 색깔이에요?

색으로 비유하자면, 뭔가 희망을 본 '파란색', 막 청푸른 그런 게 아니라 '짙은 푸른'. 어쨌거나 꿈을 꾸고 있었으니까. 상경의 꿈, 나는 올라가야 한다. 그곳이 서울이면 금상첨화였고요.

어떻게 보면, 우리가 2018년에 방영된 〈스카이캐슬〉을 통해 확인했듯, 우리 모두는 사회에서 만들어놓은 기준의 피해자일 수도 있다고 봐요. 어떻게 해서든지 대학 입학할 때 소위 말하는 '인서울'에 대한 부담을 크게 느끼잖아요. 어떠한 틀에 갇혀 좁게 움직이니까요.

인생에 대한 시야가 좁았어요. 인생을 크게 보고, 내가 편입을 해야 하는 궁극적인 목적부터 생각했어야 했는데, '그냥 이 학교가 싫다' 그런 마음에서 편입을 했으니까요.

저는 시외버스 타고 가야 친구들을 만날 수 있으니 그것도 싫었고. 오랜만에 만난 친구들이 자기들끼리 서로 "야, 니네 학교 어때?" 그럴 때 나만 소외되는 느낌을 받았고, 서울에 있는 이름 있는 대학교에 재학 중인 친구들은 서로 정보 공유도 하고 "니네 학교는 어때"라며 물어보기도 했지만 제가 다니는 대학교가 어떠냐고 물어보는 친구들은 거의 없었어요. 되게 단순한 이유 때문에 편입을 꿈꿨던 셈이에요. 제 자존감의 회복과 "지찬솔 죽지 않았어! 저력 있는 놈이다!"라는 걸 보여주고 싶었어요. 저를 무시하는 눈빛도 싫었고요.

충분히 이해가 가요. 반대로 편입을 안 했다고 가정해보죠. 편입하기 전에 다니던 대학교 타이틀을 가지고 살았다면, 행복했을까요? 그렇게 보진 않아요. 대한민국이라는 현실을 살아가고 있으니까. 내가 살고 싶은 수준이라는 게 있을 때, 이것에 대해 자유롭기란 정말 쉬운 게 아닌 거죠. 무엇을 택하든 포기해야 할 부분이 있다고 봐요.

맞아요.

그렇다면 다시 편입 이야기로 돌아가서, 언제부터 모의고사 성적이 오르기 시작했나요?

여름부터요. 확 오른 건 아니었어요. 조금씩, 조금씩 올랐어요. 그렇다고 해서 올라가던 성적이 확 떨어져서 슬럼프가 온 것도 아니고요. 5점씩, 5점씩. 너무 바닥에서 시작했기 때문에 이제 시험을 보고 원서를 넣어야 할 때가 됐을 때도 학원 모의고사 응시자 중 상위 30% 정도였어요. 그 이상을 치고 올라가질 못하니, 당시 상담과 출결 관리를 하던 담임선생님과 상담을 했었는데 선생님께서 그러시더라고요. "저, 찬솔씨는 포기하지 말고 끝까지 최선을 다하세요" "아, 선생님 솔직히 말씀

해주셔도 괜찮습니다. 합격권하고는 거리가 멀겠죠?"라며 상담을 마쳤죠. 그리고 선생님의 상담을 안 듣기 시작했어요. 제 모의고사 점수로는 합격할 수 없는 학과에 지원을 하고, 학교 네임벨류가 높으면 과를 낮추고. 합격권하고 거리가 있는 학교와 과에 원서를 썼거든요.

당시, 시험 보러 다니는 일도 만만치 않았겠어요.

하루에 두 탕 뛴 적도 있어요. 오전에 ○○대학 시험을 보고 오후엔 xx대학 시험을 보고. 당시 원서비로만 200만원 가까운 돈을 썼어요.

시험을 볼 땐 그 시간에 완전 몰입해야 하니, 정말 힘들었을 듯해요.

진이 쪽 빠져요. 시험을 보고 오면 저녁에 답을 알 수 있었어요. 그걸 확인하는 순간, 다음 시험에 지장이 있는 거죠. 궁금하니 채점을 안 할 순 없고. 그것의 연속이었어요. 그래도 학원 모의고사보단 쉽더라고요. 풀만은 한 것 같은데? 싶었죠. 떨어지긴 했지만 ○○대 시험도 학원에서 중요하다고 했던 단어가 다 나오고, 채점하니 문법은 다 맞았더라고요. 자신감이 생겼죠. 학원 모의고사는 60~70점이었거든요. 그런데 실제 시험을 보고나서 채점을 하니 80점이 나온 거예요. 오? 이거 괜찮네? 떨어졌지만 자신감이 붙더라고요.

방금 말한 ○○대보다 좀 더 낮은 레벨의 학교에 원서를 쓰면 승산이 있겠다 싶었어요. 그 다음 시험에 응시했던 학교는 88점이 나왔죠. 순간 든 생각이, 내가 88점이면 실제 합격하는 응시자는 100점이겠다, 였어요. 그래도 의외로 많이 맞아서 자신감이 붙더라고요. 여하튼 그 뒤로 시험 보는 대학들도 예상 외로 선방을 해서 자신감이 계속 상승했어요. 그리고 결국 제가 합격한 대학교는 좀 늦게 봤어요. 더럽게 추운 날 시험을 보러 갔죠.

그날 왠지 모를 좋은 직감 같은 건 혹시 없었나요?
그런 건 없었어요.(웃음) 당시 '학교를 높이면 과를 낮추고, 학교를 낮추면 과를 높이자'는 게 전략이었요. 그런데 제가 합격한 학교의 편입시험 경쟁률이 타 학교에 비해 높지 않더라고요. 일반 편입임에도 불구하고 경쟁률이 그렇게 높지 않았어요. 1차 시험이 있고, 면접까지 있었죠.

최종합격했을 때 어땠어요?
울었어요. 오후 2~3시쯤 낮잠을 자고 있었는데 아버지께서 먼저 합격유무를 확인하시곤 전화가 와서, "아들 됐어"라고 하시더라고요. 그때 엄청 울었죠. 당시, 아버지께서는 제가 편입시험을 보고 온 학교의 수험번호를 일일이 다 알려달라고 하셔서서 합격자 발표날 항상 저보다 먼저 학교 홈페이지를 들어가셔서 합격 유무를 확인하시곤 하셨어요.

아버지는 어떠셨어요?

"고생했다. 1년 동안 열심히 산 보람이 있다"라고 하시더라고요. 아버지랑 통화하며 너무 감정에 복받쳐서 울다가 끊었던 것 같아요. 합격증을 인쇄해서 제 방 창문에 붙여놨었죠.(웃음)

그리고 며칠 뒤에 또 다른 학교에서 추가합격했다고 전화가 왔어요. 그래서 제가 "죄송합니다. 다른 학교에 중복합격해서 그 쪽으로 입학할 것 같습니다"라고 했죠. 어쨌든 붙었으니 또 합격증을 인쇄해서 유리창에 붙여놨어요. 결국 입학하게 된 학교, 그리고 2개의 학교에 더 합격을 해서 합격증을 제 방 창문에 붙여놓은 걸 사진 찍어서 싸이월드 미니홈피에도 올렸었죠.(웃음)

아주 냉정하게 말하면, 인생에 첫 성취를 맛 본 셈이네요.

내가 원하는 걸 성취한, 사실상 제대로 된 첫 경험이죠.

원하는 학교 합격이라는 성취가 인생에 있어서 어떤 역할을 했나요? 기폭제라고 해야 할까요?

마인드가 달라졌죠. 사람들은 저 보고 밝아졌다고, 맨날 웃고 다닌다고… 입버릇처럼 내뱉던 "나 같은 놈은…" 이런 이야기도 안 했어요.

건강한 자존감이 형성되려면, 정신적인 면도 물론 중요하지만 실질적인 성취가 아주 중요하다고 봐요. 쌓이고 쌓여야 실질적인 자존감으로 전환될 수 있는 거겠죠.

맞아요.

대체로 종교집단에서는 정신적인 면만 강조하는 경우가 있어요. 물론, 그것도 중요하지만 이건 반쪽짜리인 거죠. 그래서 제가 보기에 '편입합격'은 굉장히 중요한 사건이었다고 봐요. 이게 있었기 때문에 비어 있던 게 꽉 차지 않았나 싶거든요.

맞아요, 자존감도 많이 회복이 됐죠. 그리고 그때부터

맨날 입던 칙칙한 검정 점퍼를 안 입기 시작했어요. 당시 제가 입던 칙칙한 검정 점퍼가 있었거든요.(웃음)

그럼 혹시 편입을 준비하려는 후배들에게 해주고 싶은 말 같은 건 없어요?

대학이 전부가 아니다, 라는 말은 너무 뻔하긴 해요. 그리고 이런 말 하면 꼰대, 또 이상한 말 한다, 라고 생각할 것 같아요. 그런데 정말 대학이 전부가 아닌 건 맞거든요. 그래도 저는 과감히 편입 시험을 준비하라고 말해주고 싶어요. "너의 꿈을 찾아라"는 식의 식상한 꿈을 심어주기보단, 현실적으로 생각해보는 거죠. 전공하고 있는 과가 맘에 안 드는 건지, 아니면 학교 네임벨류가 마음에 들지 않는지에 대해서 말이에요. 아니면 저는 현실적으로 공무원 시험 준비를 해보라고 권유하고 싶어요. 차라리 졸업할 수 있는 최소학점만 이수하고 공무원 시험에 올인 해보는 것도 괜찮은 선택인것같아요.

정말 현실적인 조언이네요.(웃음)

네 저는 추상적이고 붕뜬 이야기는 해주고 싶지 않거든요.

"편입을 준비하는 후배들에게 해주고 싶은 말이라… 대학이 전부가 아니다, 라는 말은 너무 뻔하긴 해요. 그리고 이런 말 하면 꼰대, 또 이상한 말 한다, 라고 생각할 것 같아요. 그런데 정말 대학이 전부가 아닌 건 맞거든요. 그래도 저는 과감히 편입 시험을 준비하라고 말해주고 싶어요. "너의 꿈을 찾아라"는 식의 식상한 꿈을 심어주기 보단, 현실적으로 생각해보는 거죠. 전공하고 있는 과가 맘에 안 드는 건지, 아니면 학교 네임벨류가 마음에 들지 않는 건지. 아니면 저는 현실적으로 공무원 시험 준비를 해보라고 권유하고 싶어요. 차라리 졸업할 수 있는 최소학점만 이수하고 공무원 시험에 올인 해보는 것도 괜찮은 선택인 것 같아요."

I can do 편입

04년, 05년, 06년 수능… 세 번의 처참한 실패를 맛보고, 04년도 수능 점수로 갈 수 있는 학교를 06년 수능을 마치고 입학하게 됐다. 그렇게 남들보다 2년 늦게, 어렵사리 07학번이 되었지만 내 안에 기쁨이 있을 리가 없었다. 무미건조한 대학교 1학년 생활을 마치고, 2년 남짓 군 생활을 하게 됐다. '군입대하면 뭔가 달라지겠지?' '심리적으로 변화가 생기겠지?'라고 생각했지만 '좋은 대학'이라는 단어는 내 머릿속에서 사라지지 않았다. 하지만, 세 번의 실패로 인해 생긴 수능 트라우마는 또다시 수능을 볼 자신이 없게 만들었고, 고민 끝에 나는 군 전역후, 제2의 대학입시인 편입에 도전했다. 혹자는 말했다.

"삼수해서 원하는 대학 못 가는 실력으로 편입 준비하면 뭐 달라지겠냐?"

"그냥 복학해서 학교 다녀. 편입이 어찌 보면 수능보다 더 어려워"

현실이었다. 군 전역 후 내 머릿속에는 군가, 군번, 복무

신조, 관등성명만이 남아 있을 뿐, 입시에 대한 감은 전혀 없었다. '좋은 대학을 가고 싶다'는 의욕만으로는 내 꿈을 이룰 수가 없었다. 군 전역 직후, 아버지와 식사를 하면서 진지하게 말씀드렸다.

"아버지, 저 복학하지 않고 일반휴학으로 1년 연장하고 편입 준비하겠습니다."

"뭐? 너가 삼수한다고 말했을 때, 주변에서 다 만류했다. 재수해서 안 되는 애가 삼수한다고 달라지겠냐고… 하지만 나는 너만 믿고 밀어줬는데, 사실 결과가 좋지 않았잖아. 이젠 너 나이도 생각해야지. 또 다시 휴학을 하는 것은 원하지 않는다. 바로 복학하고 학교 다니면서 편입 수험 생활을 병행할 각오가 되어 있다면 준비해라. 휴학은 안 돼!"

그렇게 나는 원치 않는 2학년 복학을 하게 됐다. 여전히 학교생활은 재미가 없었다.

하지만 목표는 있었다. '편입성공'이라는 목표.

그렇게 주중에는 지방에서 학교를 다니고, 주말에는 서울 동대문에 위치한 편입학원을 다니면서 이를 갈며 1년을 준비했다.

복학 후, 자취를 하면서 외로움과의 싸움은 시작됐지만, 외로움은 공부에 집중할 수 있는 최적의 조건이 될 수 있다는 것을 그때 알았다. 조별과제를 같이 할만한 친구는 물론, 대리출석(?)이라는 달콤한 선물을 줄 만한 지인조차 없었다. 수업도 혼자 듣고, 밥도 혼자 먹었지만, 그때 나홀로 생활했던 시간이 훗날 제약회사 영업사원이 되어 혼자 밥 먹고, 혼자 다니는 생활에 빨리 적응할 수 있는 '자양분'이 될 것이라곤 그 때는 미처 알지 못했다.

1년간의 노력 끝에 고3때 떨어졌던 학교 경영학부에 합격할 수 있었다. 누군가는 말했다.

"A대? A대가 뭐 SKY도 아니고 공부 좀만 하면 가는 학교 아닌가?"

그렇다. 그 누군가의 말이 맞을 수도 있다. 하지만, 학교 이름값을 떠나 내가 1년간 땀 흘리고 노력해서 합격을 했다는 그 자체가 나에게는 큰 성취였고 기쁨이었다. 또한 편입한 A대에도 충분히 훌륭하고 열심히 공부하는 학생들이 정말 많다는 것을 알 수 있었다.

합격자 발표가 있던 날, 모니터에서 "합격을 축하합니다"라는 메시지를 확인했고, 그 순간 울컥 쏟아졌던 기쁨의 눈물은 앞으로도 잊지 못할 것이다. 그렇게 '삼수 실패'라는 꼬리 표를 떼고 '편입 합격'이라는 또 하나의 커리어가 내 인생에 자리매김하게 되었다.

지금 생각해보면 편입을 준비했던 2010년 한 해는 정말 열심히 살았던 한 해였고, 독하게 공부했던 시기였다. 쉽지 않았던 편입 수험생활, 어려운 상황속에서도 아래 5가지는 철저하게 지키며 지냈다.

* 지찬솔의 편입 수험 생활 5계명

1. 공부량은 컨디션 및 상황에 따라 조절하되, 공부 자체는 하루도 거르지 말 것

매일 똑같이, 항상 같은 양의 공부를 할 수는 없었다. 몸이 아플 때, 혹은 대학교 시험기간일 때는 평상시와 동일하게 편입 공부에 시간을 투자할 수 없었다. 하지만 공부량을 줄이더라도 단 하루도 공부를 놓지는 않았다. 나에게 무엇보다 중요한 것은 조금이라도 책상에 앉아서 편입과 관련된 공부를 하는 습관이었다. 내가 합격할 수 있었던 결정적인 이유도 여기에서 찾고 싶다.

2. 친구는 가급적 만나지 말 것

군 전역 후, 핸드폰 번호를 바꿨다. 정말 필요한 일이 아닌 이상 가족 이외의 지인들과는 거의 연락하지 않았고, 만나지도 않았다. 함께 편입 수험생활을 하면서 새로 사귄 친구 몇 명과만 연락을 주고받을 뿐이었다. 힘들 때마다 친구들에게 연락해서 맥주 한잔 마시며 위로받고 싶고, 친구들 사는 이야기도 듣고 싶었지만, 꾹 참았다. 사람 만나는 것을 좋아하는 나는 독해질 필요가 있었다.

3. 모의고사 점수에 일희일비하지 말 것

휴학을 하고 일주일 내내 학원에서 공부하는 수험생들의 모의고사 점수에 비해, 주말에만 학원수업을 듣는 나의 모의고사 점수는 너무나 초라했다. 군 전역 직후, 학원 첫 수업! 레스토랑(restaurant) 스펠링을 몰라서 선생님이 칠판에 적어주실 때까지 기다렸다가 받아 적어야 할 정도로 영어지식이 거의 남아있지 않았다. 주 1회 실시하는 모의고사 점수도 수강생 중 하위 10%~20%에 해당하는 점수였다. 하지만 내 실력을 있는 그대로 인정하고 기죽거나 포기하지 않았다. "모의고사 점수는 다 필요 없다. 실전 시험 때 대박 낼 것이다!"라는 근자감(근거 없는 자신감)으로 1년을 버티며 멘탈 관리를 해갔다. 실제로, 학원 모의고사보다 실전 시험이 쉬웠던 경우가 종종 있었다.

4. "떨어져도 상관없어"라는 생각은 거둬 둘 것

'떨어지면 원래 다니던 학교로 돌아가면 그만이지!'라는 마음가짐으론 좋은 결과를 내기 어렵다. 나에게는 편입에 앞서 '세 번의 수능 실패'라는 경험이 있었고, 이는 나 자신을 더 독하게 만들었던 계기가 되었다. '이번 편입 시험이 내 인생의 마지막 기회다!'라는 생각으로 하루하루를 열심히 살았고, 이러한 노력이 합격으로 이어질 수 있었다.

5. 모르는 것에 눈치보지도, 창피해 하지도 말 것!

나는 학창시절, 공적인 자리에서 눈치 안보고 질문을 잘하는 편이 아니었다. 지금도 그렇다. 하지만, 편입 공부하던 그때 당시엔 평상시 접하기 힘들었던 편입영어에 부족함을 많이 느꼈고, 학원 수업시간마다 모르는 부분에 대해선 무조건 학원 선생님께 질문하거나 인터넷 검색을 해서 알고 넘어갔다. 주말에만 학원을 나왔던 나에게 질문할 수 있는 시간은 다소 부족한 편이었다. 얼굴에 철판을 깔고 모르는 부분은 무조건 질문하고 알고 넘어갔다. 그만큼 간절했다. 때로는 '이런 사소한 것까지 질문해야 하나?'라는 생각도 들었지만, '확실히 알고 넘어가야겠다'라는 의지가 더 강했다. 모르는 것을 그냥 넘어가는 것처럼 바보 같은 짓은 없다고 생각했다. 내 안에 간절함이 있었기에 창피함을 느낄 이유도, 눈치 볼 이유도 없었다. 그 때 경험이 쌓여서 그런지 회사생활을 하면서도 후배들에게 "업무 중 모르는 부분이 있으면 언제든 연락해서 알아내고 선배들 귀찮게 하라"고 조언을 한다. 열심히 선배들에게 물어보고 자기 것으로 만들려고 하는 후배들을 보면 나 자신도 더 자극받아 열심히 하려는 마음이 생기기도 한다.

어찌 보면 지극히 평범해 보이는 수험 생활 5계명이다. 하지만, 살다보면 기본적인 것이라고 생각되는 것들을 지켜나가기 쉽지 않은 경우가 많다. 무슨 일을 함에 있어서 기교보다는 기본이 가장 중요하다는 점을 대한민국 모든 수험생들께 '감히' 전하고 싶다.

마지막으로,
내 인생에 잊지 못할 추억을 선물한 '2010년'에 감사함을 표한다.

다이어트와 제약영업의 함수관계

2011년 여름, 아무것도 생각하지 않고 체중감량에만 집중했다. 친구들은 토익, 인턴, 공모전 등으로 스펙을 쌓으려 시간을 투자했지만, 나는 아무것도 생각하지 않고 오로지 하루하루 줄어드는 체중에만 집중했다. 다이어트를 하면서 선택과 집중의 중요성을 깨달을 수 있었다. 스펙이냐 체중감량이냐… 나에게 있어서 그때 당시 더 중요했던 가치는 체중감량이었고, 3달 동안 20kg 이상 살을 뺐다. 그때의 시간을 절대 후회하지 않는다.

영업도 그렇다. 정확한 타이밍에 집중해서 시간과 비용을 투자해야 하는 거래처가 있다. 그에 따른 기회비용, 손해도 있을 수 있지만, 내가 집중한 거래처에서 매출이 크게 오른다면 일에 대한 보람은 두 배가 될 것이라고 확신한다. (입사 후 다시 체중이 크게 늘어서 아쉬움이 남는다는 것은 함정이다. 하하하)

지난번 인터뷰 때는 편입에 대해서 주로 이야기를 나눴습니다. 오늘은, 드디어 시작된 '진짜 대학생활'에 대해서 듣고 싶어요. 편입하고 나서야 비로소, 제대로 놀지 않았을까 싶은데요.

솔직히 말하면, 남들한테 내세울 만큼 논 건 아니고요. 1, 2학년 때에 비해 엄청 놀았다고 말하는 건 맞는 것 같네요. 일반 대학생들이 저 3학년 때 논 걸 보면 '뭐야, 저건 논 것도 아닌데?'라고 생각할 거예요. 일단 집은 경기 북부이고 편입한 학교는 경기 남부에 있다보니, 제대로 놀아볼까 하면 집에 가야 하는 상황이 되었죠. 그래서 한 학기는 제대로 놀지도 못했어요. 술자리가 좀 무르익으면, 교통편 끊기기 전에 집으로 가야 했죠.

어쨌거나, 마음은 편했을 거 같아요.

아, 그럼요. 심리적 안정감도 생겼죠. 그러니까 사람들이랑도 어울렸고요. 편입한 학교에 대한 기대감도 있었고요.

비유하면 '중고신인'이네요.(웃음)

예, 중고신인. 수능으로 입학한 학생들이랑도 어울렸고요. 저보다 나이 어린 선배들이 너 몇 학번이냐? 라고 물어보면 "09학번입니다"라고 대답했고, "너 못 보던 애다. 몇 년생이

야?"라고 물어보면 "예, 저 86년생입니다"라고 대답했어요. 그
러면 "아이고 형님"이라고 선배들로부터 형 대접을 받는 상황
도 발생했죠. 그런 것도 나름 재밌었어요.

그리고 시험 기간 되면 편입하기 전에 다니던 대학교와
는 분위기가 사뭇 달랐어요. 도서관 자리가 없는 거죠. 전에 다
니던 학교는 시험 기간에도 자리가 넉넉한 편이었거든요. 언
제든지 갈 수 있었죠. 편입한 학교는 새벽부터 줄을 서서 도
서관 자리를 잡더라고요. 게다가 대부분 전공서적이 영어 원
서였어요. '아, 그래서 편입생을 영어시험로 뽑나?' 싶었죠. 수
강 신청을 잘못(?) 하면 영어강의를 듣게 되기도 했고요. 한
번은 전공을 영어강의로 들었는데 하나도 못 알아듣겠더라고
요. "찬솔 지?" 그것만 들리는 거죠. 아, 큰일났다 싶었어요. 한
글 강의만 찾아 듣기 시작했죠. 3학년 1학기 때부터는 웬만하
면 원어 강의는 피했죠. 망신을 당하기도 했어요. 영어로 진행
되는 전공 수업에 영어로 발표를 하게 된 적이 있었거든요. 발
표를 못 해서 쭈뼛거리니까 학생들이 힘내라고 박수를 쳐주더
군요.(웃음)

그래도, '이게 대학이구나' 싶었을 거 같아요.
예, 재밌었어요. 어느 한 전공 수업에서 영어로 발표할

시간이 있었는데 어렴풋이 기억나는 게 제가 그때 당시 "코리안 알콜 소주, 더 네임 이즈 소주, 소주 드링킹 알딸딸" 그러니까 다들 웃더라고요. 한국 학생들은 다 웃고, 외국인 학생들은 "알딸딸?" 하면서 의아해 하더라고요. 영어는 못 하는데 그 클래스 스타가 된 적이 있어요. 조별 과제 하면 쟤랑 하고 싶다. 그런 소릴 듣는 스타가 됐죠. 영어도 잘하고 공부도 잘 해서 스타가 될 수도 있지만 나 같은 놈은 '튀어서' 스타가 될 수 있겠더라고요.

무엇보다도 대학생활이 행복했던 건 '관계'일 거 같아요. 친구가 많아진 거니까.

학생 식당에 가도 누군가 있는 거죠. 같이 밥먹고. 얼마나 좋아요. 그냥 그 자체가 좋았어요.

그러면, 굳이 색깔로 비유하면, 1-2학년 때와 편입한 학교에서 보낸 3-4학년 색깔은 어떻게 다른가요?

1-2학년은, 그냥 검정 혹은 회색이죠. 눈을 떠도 앞이 보이지 않았어요. 편입 합격했을 때는 점점 밝아지기 시작하는, 3-4학년은 흰색이고요. 그리고 제가 3학년 1학기 끝나고 살을 엄청 뺐거든요. 미친 듯이 뺐죠. 비와도 비 맞으면서 뛰었고요.

몸이 날씬해지니까 자신감도 붙고, 소개팅도 종종 했죠. 하지만 놀기만 했던 결과는 혹독했습니다. 결국 취업이 쉽지 않아서 5학년 1학기까지 다녀야 했죠.(웃음)

지난번 사전 인터뷰 때 이야기를 좀 하긴 했지만, 편입 후 본격적으로 가동했다던 '다이어트' 이야기를 좀 더 해줬으면 좋겠어요.

물론, 그때로부터 수 년이 지난 지금은 직장생활하면서 살이 엄청 쪄서 의미가 있나 싶지만.(웃음) 일단 저는 '토마토 다이어트'를 시작했어요. 계기는, "살 빼면 소개팅을 시켜주겠다"던 가까운 동생의 제안 때문이었죠. 사실 뚱뚱했던 사람이 밥을 확 줄이면 변이 잘 안 나와요. 먹는 것 자체가 없기 때문이죠. 아침에 유산균 요구르트 하나 먹고, 토마토 하나 먹고. 점심은 밥을 먹어도 기름진 걸 안 먹고, 평소에 밥 한 공기를 먹었다면 다이어트를 시작하곤 절반만 먹었죠. 저녁엔 토마토 딱 하나.

저녁에 토마토 하나?

대신 찰토마토를 먹었어요. 그것만 먹고 뛰기 시작하는 거죠. 처음엔 동네 공원 1바퀴도 못 뛰었어요. 반 바퀴 뛰고 반 바퀴 걷고. 그게 쌓이다보니 나중엔 20바퀴도 넘게 뛸 수 있겠더라고요. 뚱뚱한 애들은 조금만 다이어트 하면 피드백이 확 와요. 일주일 뛰었는데 5kg가 빠지더라고요. 아, 이렇게 4번 하면 20kg 빠지겠다 싶었죠. 됐네 이제. 소개팅하면 되겠다 생각했어요.

소개팅을 향한 일념으로 가득찼군요.

그렇죠. 편입하고 자존감이 회복되면서 내적인 자신감이 생겼으니까 이젠 외적인 자신감도 생겨야겠다는 생각을 했어요. 그런데 사람이 10kg를 빼니까 고비가 오기 시작하더라고요. 안 빠지는 거죠. 미치겠더라고요. 다이어트 후기 열심히 찾아보며 인터넷 검색했죠.

그건 몸무게가 잘 안 빠진다는 의미에서 고비인 거죠?

예, 잘 안 빠진다는 의미에서. 분명 똑같이 운동을 했는데 안 빠지는 거예요. 먹는 양을 늘린 것도 아닌데 말이죠. 살 빠지는 건 가우스 함수와 같다는 말도 있더라고요. 안 빠지다가 확 빠지고, 또 안 빠지다가 확 빠지는 식으로. 그런데 보통 그때 사람들이 놔버린다는 거죠. 다이어트 경험자들은 그 고비를 넘기라고 합니다. 그걸 넘기니까 다시 빠지기 시작했죠.

아, 그런 게 있군요.

그게 한 번에 빠지니까 몸이 적응을 못 하는 거예요. 두 뇌에서 '넌 빼야 해 빼야 해' 하지만 몸에선 저항하는 거죠. 그래서 확 빠지다가 몸에선 적응기가 필요하니까 안 빠지는 거예요. 그러다 몸이 계속 적응을 해서 다시 확 빠져요. '빠졌다'와 '안 빠졌다'가 반복되는 거죠.

가우스 함수 패턴이 맞네요. 그렇다면, 기본적인 운동 패턴은 어땠어요? 초저녁에 동네 공원에 가서 뛰고 오는 거예요?

남들 저녁 먹을 때 뛰는 거죠. 가령 집에서 엄마가 된장찌개 하면 먹고 싶어서 못 참으니까 찰토마토 하나 먹고 밖으로 나왔어요. 진짜 그땐 토마토 하나 먹고… 지금 생각해보면 어떻게 했나 싶어요. 운동하는 페이스를 서서히 올렸죠. 5바퀴 뛰고 2바퀴 걷고, 그러다가 나중엔 8바퀴 뛰고 2바퀴 걷고 이런 식으로. 제가 계획을 짜도 컨디션이 안 좋을 수 있잖아요. 그런 날은 과감하게 줄였어요. 대신 다음날에 더 뛰고요.

혹시 무릎이 아프진 않았어요?

많이 아팠죠. 공원 몇 바퀴를 기진맥진할 정도로 뛰다 보면 제가 체중이 많이 나가던 터라 무릎이 좀 아팠어요. 집으로 걸어올 때 육교 계단을 올라야 했는데, 그게 너무 힘들더라고요. 어르신처럼 무릎에 손을 짚어가며 천천히 올라갈 때도 있었어요

소개팅을 위한 일념으로?(웃음)

예, 뼈를 깎는 노력이란 게 이런 거구나 싶었죠.(웃음)

그래도 이런 고통은 편입 같은 고통에 비하면 훨씬 나은 고통 아니었나요?

그럼요, 훨씬 낫죠.

기본적인 안정감 속에서 한 거니까.

편입시험이란 건 1년을 기다려야 하는데, 이건 1주일이면 바로 효과가 나타나니까요. 그렇게 여름이 지나고 학교에 가니까 저를 보는 시선이 다르더라고요.

뿌듯했겠어요.

못 입던 옷을 입을 수 있으니까요. XXL싸이즈 옷만 입다가 L사이즈 옷을 입고 갔으니까요.

그럼 체중이 최고일 때에 비해 얼마나 뺀 거예요?

25kg 정도 뺐어요.

대단하네요.

71kg까지 뺐죠.

샤워하고 거울 앞에 서면 얼마나 뿌듯했을까요?

솔직히 그것보단 옷 입을 때 뿌듯해요. 사실 거울을 봐도 제가 몸짱은 아니잖아요. 밋밋하거든요. 그래도 옷을 입으면 '오?' 이러면서 옛날에 입던 바지가 훅 내려가는 그 느낌… 그 짜릿함. 말 그대로 맞는 옷이 없어서 옷을 사야만 했어요. 돈은 들었지만 그 기쁨이 컸어요. 그때 입은 영광의 옷은 이제 종아리에서 걸려요. 살이 다시 너무 쪄서.(웃음)

그럼, 이때 다이어트 했던 시간들을 떠올려 보면 어떤가요? 추억인가요?

전 정말 후회 안 해요. 당시 친구들은 영어 공부하고 스펙 쌓았거든요. 저는 그거 다 포기하고 오로지 체중감량에만 올인했지만 후회 없어요. 내 인생에 정말 큰 경험이었어요. 왜냐면, 이건 정말 나만 할 수 있는 경험이거든요. 모든 대학생들이 취업하겠다고 영어 공부는 하지만, 사실 여름방학 때 살 빼겠다고 해서 25kg 빼는 건 누구나 할 수 있는 경험은 아니잖아요. 토익 100점 올리는 거야 다들 하죠. 과연, 대학교 3학년 1학기를 마치고 어떤 사람이 나처럼 살을 뺄까. 그렇게 생각해보면, 저는 뜻깊은 경험을 했다고 봐요. 물론, 취업을 위한 스펙이라는 관점으로 보면 눈에 보이는 결과물을 쌓진 못했지만, 후회는 없어요.

어찌 보면, 편입이란 첫 번째 성취 이후에 있었던 두 번째 성취인 셈이네요.

예, 다시 한 번 성취가 중요하다는 걸 알게 됐죠. 이게 시너지 효과가 있거든요. 성취를 한 번 하고 나면 다른 걸 할 때도 '아, 이번에도 하면 되겠지'라는 생각을 안겨줘요. 물론 그게 취업 준비하면서 또 깨지긴 했지만요. 취업 준비하면서 "귀하의 재능은 우수하나 제한된 인원으로 인하여 함께하지 못함을 안타깝게 생각합니다"라는 회사 인사팀의 메일을 엄청나게 받으면서 다이어트 할 때 얻었던 성취감과 자신감이 깨졌었죠.

아, 취업. 그 기분 저도 잘 압니다. 어쨌거나, 지금 대학민국 대학생들 중에서 다이어트를 하는 사람들이 있을 거 아니에요. 그 사람들한테는 어떤 말을 해주고 싶어요?

저는, 영어 학원 가서 토익 점수 올리는 것도 좋지만, 독하게 한 번 살을 빼보는 것을 추천해요. 영어 학원도 다니고 인턴도 하면서 절대 못 빼요. 정말 다이어트에 올인 해야 해요. 인터넷 검색을 해도 취업, 대기업, 인턴과 같은 단어가 아니라 '다이어트 하는 방법'만 검색했거든요. 그런데 당시 제가 다이어트를 하면서 치명적인 실수를 하나 했어요. 유산소운동만 하고 웨이트를 안 한 거예요.

아, 다이어트 할 때 웨이트도 해야 하나요?

보통 지방은 쫘악 빠져요. 문제는 근육이 같이 빠진다는 거예요. 그걸 웨이트 하면서 근육으로 메꿔주어야 살이 처지질 않거든요. 살이 빠지긴 하는데 트기 시작하는 거죠. 그런데 그렇게 뛰고 나니 웨이트할 힘이 없잖아요. 트레이너가 연예인 식단 짜듯이 해준 것도 아니고 저는 토마토 하나만 먹었으니 힘이 없었죠. 문제가 뭐냐면, 웨이트를 해서 근육으로 메꿔주지 않으면 금방 요요가 와요.

근력 운동이 같이 가야 하는군요?

웨이트를 병행해야 살 처짐도 없고 기초 대사량도 높아지거든요. 뛰기만 하면 기초 대사량도 같이 빠져요. 왜냐면 근육이 같이 빠지니까. 팔굽혀펴기를 한다든지 웨이트 기구를 든다든지 해야 했죠. 하지만 저는 단순히 몸무게가 빠지는 것에만 기뻐했죠. 이렇다보니 나중에 요요가 진짜 금방 와요. 기초 대사량이 낮아지니까 조금만 먹어도 찌는 거죠. 예전보다 덜 먹어도 잘 찌더라고요. 웨이트를 병행하라! 운동장 20바퀴 뛸 걸 5바퀴만 뛰고 웨이트를 하라! 저는 다이어트를 마음 먹고 시작하려는 사람들에게 그런 말을 해주고 싶어요.

그럼에도 불구하고, 25kg을 뺀 건 정말 극히 드문 경험이잖아요. 엄청 노력의 결실이라고 봐요. 어떻게 그렇게 참았어요?

저에게 주어지기로 예비되어 있던 '소개팅'이란 당근.

아, 그 당근.(웃음) 그 기간 동안 삼겹살도 일절 안 먹었고요?

정말 삼겹살이 먹고 싶을 땐 점심에만 먹었던 것 같아요. 예전엔 제가 100을 먹었다면 50만 먹었었고요. 당시 다니던 교회 여름 수련회에 가서도 거의 안 먹었죠. 감자나 옥수수 정도만 먹었어요. 그때 엄청 더웠거든요. 사실 운동을 너무 하고 싶어서 수련회에 간 것조차 시간이 아깝게 느껴질 정도였죠.

그럼 다이어트를 마치고 언제부터 본격적으로 취업을 준비했나요?

다이어트는 열심히 했는데 다이어트에만 열중하다보니 쌓아놓은 스펙이 없더라구요. 학점도 3점 중반. 인턴이라도 해야겠다 싶어서 4학년 1학기 때 유통회사 인턴직에 지원을 했어요. 당시 전문대 재학중인 학생들을 겨냥한 인턴이었어요. 뭐라도 해야겠다 싶어서 지원을 했죠. 운 좋게 됐어요. 여기서 일하면 제가 나중에 유통 쪽에 지원할 때 할 말이 많을 테니까요. 당시만 해도 저는 아버지의 영향을 받아 식품 회사를 가고 싶었거든요. 유통회사에서 인턴을 하다보니 매장에서 제가 직접 다양한 회사들의 식품, 제품들을 진열하면서 현장의 경험을 많이 배웠어요. 살아있는 경험이었다고 봐요. 자연스럽게 제가 지원하고 싶어했던 식품 업계의 트렌드를 파악할 수 있었죠. 요즘 취업의 트렌드가 자신이 취업하고자 하는 분야에서의 직무경험이라고 하던데, 그런 의미에서 저는 좋은 경험을 했었다고 생각해요.

왠지 인턴 이야기도 기대가 되네요. 이 이야기는 다음 인터뷰 때 이어서 하기로 하죠.

예, 인턴 때 경험도 나눌 얘기가 꽤 많습니다.(웃음)

"전 정말 후회 안 해요. 당시 친구들은 영어 공부하고 스펙 쌓았거든요. 저는 그거 다 포기하고 오로지 체중감량에만 올인했지만 후회 없어요. 내 인생에 정말 큰 경험이었어요. 왜냐면, 이건 정말 나만 할 수 있는 경험이거든요. 모든 대학생들이 취업하겠다고 영어 공부는 하지만, 사실 여름방학 때 살 빼겠다고 해서 25kg 빼는 건 누구나 할 수 있는 경험은 아니잖아요. 토익 100점 올리는 거야 다들 하죠. 과연, 대학교 3학년 1학기를 마치고 어떤 사람이 나처럼 살을 뺄까. 그렇게 생각해보면, 저는 뜻깊은 경험을 했다고 봐요. 물론, 취업을 위한 스펙적으로 보면 눈에 보이는 결과물을 쌓진 못했지만, 후회는 없어요."

I LOVE 혼밥

영업사원들은 식사 시간이 대부분 자유롭고, 혼자서 점심을 해결하는 경우가 많다. 그래서 다른 사람 눈치 보지 않고 내가 원하는 메뉴를 먹을 수 있다는 장점이 있다. 때문에, '오늘 점심은 뭘 먹지?' 이런 고민은 별로 하지 않는 편이다. 그때그 때 먹고 싶은 음식을 먹으면 그만이다. 마음 편히 소문난 맛집에 가서 음식의 깊은 맛을 음미하며 지역 내 맛집을 하나하나 알아가는 재미도 쏠쏠하다.(보통, 주문하면 빨리 나오는 국밥, 김밥, 라면, 짬뽕과 같은 메뉴를 선호하지만 가끔은 시간을 내서 맛집에 가서 줄서서 기다렸다가 식사하기도 한다.) 점심의 경우 대부분 혼밥을 하지만, 옛날과는 분위기가 많이 달라져서 혼자서 끼니를 해결하는 사람들을 심심치 않게 볼 수 있는 편이라 딱히 소외감을 느끼지는 않는다. 진짜다.

그렇다고 매번 혼자서 점심을 해결하지는 않는다. 타인 (?)과 함께 점심을 하기도 하는데 이 경우는 크게 3가지 유형으로 나뉜다.

1. 타 제약사 영업사원과 함께 식사하기

거래처 병원에서 자주 마주치는 타 제약회사 영업사원들과 친해지기도 하는데, 가끔 점심을 먹으면서 지역 내 거래처 상황, 제약업계 이슈 사항 등을 공유한다. 물론, 영업사원들은 남자 사원들이 대부분이라 연애, 게임, 스포츠, 부동산 등과 관련한 개인 관심사에 대한 공유를 많이 하는 편이다.

2. 거래처 의사선생님과 함께 식사하기

회사에서 실시하는 온라인 심포지엄을 하게 되면, 의사선생님과 온라인 강의를 보면서 종종 점심을 같이 먹기도 한다. 이런 경우 대부분은 병원근처의 음식점에서 간단하게 먹거나 도시락을 배달해서 먹는 경우가 많다. 제품 및 강의에 대해 전반적인 의견을 공유하는 시간이다.

3. 지점장님 혹은 선후배와 식사하기

가끔씩 지점장님 혹은 선배, 후배와 동행 외근 근무를 하는 경우가 있다. 특정한 메뉴를 선호하시는 지점장님, 선배, 후배도 있지만 메뉴보다는 맛집을 선호하시는 분들도 계신다.

이때를 대비하여 지역 내 맛집을 알아놓아야 지점장님 혹은 선배님들께 센스있는 직원으로 인정받을 수 있다.(회사의 높으신 분들과 가끔 점심을 하게 되면 마음 편하게 혼밥을 하고 싶은 생각이 굴뚝 같아질 때가 많다는 사실. 하지만 점심값은 굳는다는 긍정적인 측면도 있다. 하하.)

하지만, 서두에서 언급한 것처럼, 영업사원은 대부분 혼자서 점심을 해결하는 경우가 많다.

신입사원들이 퇴사하는 이유 중 하나가 혼밥 자체를 힘들어해서인 경우도 있지만, 이렇게 극히 드문 경우를 제외하면 대부분의 영업사원은 혼밥에 점차적으로 익숙해진다. 나 역시 '이제는' 혼밥을 즐기는 편이며 밥을 먹을 때 타인의 눈치는 거의 보지 않는다. 정말 바쁜 경우 운전하면서 빵이나 우유로 점심을 대신하기도 하지만 대부분의 경우, "이것도 다 먹고 살자고 하는 것인데, 든든하게 먹자"라는 마음으로 잘 챙겨먹으려고 노력하는 편이다. 혼밥 생활이 익숙해지면 가끔씩 패밀리 레스토랑, 혹은 고기집에서도 여유 있게 '혼밥' 하는 나 자신을 발견하게 될지도 모른다.

혼밥 고수의 경지인 셈이다.

인턴 생활과 제약영업의 함수관계

내게 있어 인턴 생활은, 조직의 매출 이익 달성을 위해 다양한 연령층의 조직원과 처음으로 소통하며 일해봤던 시기였다. 유통매장에서 직원들과 함께 매장을 청소하며 제품을 진열했고, '어떻게 하면 매장의 매출을 올릴 수 있을까' 고민하던 시기였다. 그때 흘린 땀과 쏟아냈던 고민은 영업을 하는 지금도 내게 '회사의 제품과 고객의 니즈 그리고 조직원과의 화합에 대해 고민하고 끊임없이 연구하는 자세가 얼마나 중요한 것인지'를 깨닫게 해준다.

오늘은 대학생 때 경험한 인턴 이야기로 시작해보죠.

예, 좋습니다. 당시 유통회사에서 1박2일 동안 교육을 받고, 회사에서 집 근처 매장에 배치가 되었어요.

일하면서 겪은 일들 좀 얘기해주세요.

처음엔 대단한 걸 안 시켜요. 매장 청소해라, 창고 정리 해라 등등 간단한 고객응대나 POS앞에서 계산업무도 시키고 요. 정직원이 되면 매장에서 판매할 물품들에 대한 발주업무 를 시키죠. 저는 당시 인턴사원이라 직접적인 발주 업무는 하 지 않았는데 당시 함께 근무하던 선배님 말에 의하면 발주하 려는 물품 숫자에 '0' 하나 잘못 넣으면 그야말로 큰일난다고 하더라고요. '개수'인지 '박스'인지도 정확히 구분해야 하고요. 바나나 우유 낱개 20개를 주문 넣는데 만약 박스로 20개 주문 하면 큰일 나는 거죠.

제가 일하던 당시 여름이었는데, 매장 내 냉동 창고가 고장이 났어요. 아이스크림이 싹 다 녹았어요. 다 로스 처리했 죠. 난리가 났었어요. 부랴부랴 냉동 창고 고친다 해도 이미 다 녹은 아이스크림 모양이 변형되거든요. 뭐라도 작은 도움이 되고자 그나마 적게 녹은 아이스크림을 몇 개 구매했어요. 지 금 생각해보니 추억이네요.(웃음) 장마비가 엄청 오면 밖에 진열해둔 과자들 다 매장 안으로 들여놓고요. 비란 게 정말 갑자기 오더라고요. 3만원 이상 구매하시는 고객에게는 댁까지 배달을 해드렸는데, 배달에 쓰이던 자동차 '다마스'가 퍼져서 직원들이 직접 카트에 담아서 "달달달" 소리내며 매장 주변 아파트 단지 정도는 배달을 하기도 했고요. 특히나 과일이나 신선품 같은 건 더운 날씨에 민감하기 때문에 바로바로 배송을 해드려야 했어요. 그런데 그때 한창 일하다가 들었던 씁쓸한 소리가 기억나네요. 한 어린아이랑 그 아이 엄마가 카트로 배달하던 제 옆을 지나갔는데, 그 엄마가 아이한테 그러더라고요 "너 나중에 공부 안 하면 저런 힘든 일 해야 해"라고요. 거기서 기분이 좀 안 좋았죠. 내가 하는 일이 어때서. 그 아이의 엄마가 제가 했던 일을 어떻게 생각했든지와는 상관없이 저는 인턴하며 두 달 동안 정말 많은 걸 배웠어요.

어떤 부분을 제일 많이 배운 거 같아요?

우선 업계 트렌드를 배웠죠. 라면은 역시 농심이구나. 왜 라면이 농심일 수밖에 없는지. 참치는 동원 등등.

거기 있는 분들은 호칭을 어떻게 했어요?

찬솔님이요. 거긴 주로 아주머니 사원들이 많았어요. 저

한테 아들같다고 하시면서 되게 잘해주셨어요. 점심도 같이 먹
고, 과일도 신선도가 조금 떨어져서 못 파는 건 잘라서 한입 먹
어보라고 주시고. 저는 냉동 창고 가서 아이스크림을 사서 몰
래 가서 먹고.(웃음)

일은 저녁까지 했나요?

오전에 출근하면 오후 5-6시까지 하고, 오후에 출근하
면 마감까지 일하고요. 저는 정직원이 아니니 늦게까지 일 안
했어요. 정직원들이야 마감 때까지 계속 일했죠. 정직원 선배
들을 보면서 저게 내 미래구나 싶었어요. 사실 인턴 마치고도
정직원으로 채용하겠다는 추천을 받았는데요. 그러면 4년제
가 아니라 전문대 졸업한 학생들과 같은 대우를 받게 되더라
고요. 그래도 제가 4년제 대학을 다니고 있던 중이었으니, 그
건 싫더라고요.

느낌상, 그 인턴 일이 본인 적성에 잘 맞았을 것 같아요.

나쁘지 않았어요. 제가 원래 몸 쓰는 거 좋아하고 사람
들 부대끼는 것도 좋아하니까요. 단지 처우가 그랬던 거죠. 편
입까지 했는데 이건 아니다 싶었거든요. 대졸 공채를 지원하려
고 인턴까지만 하고 다시 취준생이 되었죠

어쨌거나 인턴이 인생에서 중요해보이네요. 첫 사회경험이니까. 급여는 얼마나 받았어요?

100만원 좀 넘게 받았어요.

인생 첫 월급이었겠네요.

예, 그렇죠. 그 두 달 동안은 운동을 따로 안 해도 살 찔 겨를이 없었어요. 아침에 매장에 가서 청소를 마치면 신선품이 제일 먼저 들어와요. 우유, 두부, 채소 등을 매대에 진열하고 유통기한 지난 제품들은 제거하고, 그 작업이 끝날 무렵이면 라면 같은 공산품이 매장에 들어와요. 그 후엔 술 같은 주류가 들어오죠. 유통 기한이 짧을수록 매장에 가장 먼저 들어오거든요. 매장 오픈하기 전까지 그날 매장에 들어온 제품들을 다 검수하고 진열해야 해요. 물건이 너무 많은 경우 매장 오픈하고도 진열하게 되는 경우가 있는데, 점장님께서는 웬만하면 고객님들이 매장에 오시기 전에는 대부분의 제품들이 진열되어있기를 바랬죠. 이 작업을 하다보면 허리가 부서질 것 같이 아프고 땀이 정말 비오듯 쏟아져요. 저녁에 치킨을 먹고 자도 저절로 살이 빠질 정도였어요.

지금도 마트들 옆으로 지나가면 일의 메커니즘 같은 게 다 보

이겠네요.

아, 당연히 보이죠. 딱 느낌이 와요. 가령, 큰 대형 할인마트 같은 곳은 대부분 오전 10시에 오픈해요. 거기에 있는 바이어들과 직원들은 거의 뭐 7시 30분~8시까지 출근한다고 보시면 돼요. 아침에 물건 들어오는 거 다 진열해야 하고요. 대형마트는 크니까, 바이어들마다 담당 영역들이 따로 있어요. 아침에 오면 매장 청소부터 싹 다 하고, 전날 매출, 오늘 들어올 물량 다 확인하고요. 할 게 엄청 많아요. 진짜 정신이 없죠. 아침에 오면 바구니에 물건이 다 들어와 있거든요. 유통기한 지난건 빼야 하고. 로스 처리해야 하니까요.

준비하는 게 더 힘들겠네요.

예, 진짜 힘들어요. 그리고 내가 발주 넣은 물량대로 매장에 들어왔는지 검수 작업 거쳐야 하고요. 그래도 재밌게 했어요.

가시적인 월급도 받고, 또 무엇보다 일터에서 이뤄지는 관계성도 배웠을 테고요. 진열도 해보고 실질적으로 일을 배울 수 있는 알찬 시간이었을 거 같아요.

예, 마트란 이런 곳이구나. 맛은 본 셈이죠. 인턴 때 했던 경험으로 업무를 다 파악했다고 말하면 완전 뻥이고요.

마트에서 마이크 잡고 멘트 날리는 건 안 해보셨나요?

옥수수 판매를 해봤죠. 보통 정직원을 시키는데 고객들이 없는 시간이라고 할 수 있는 오후 1시에서 4시 사이에요. 고객들이 없는 시간이긴 하지만 그때도 홍보는 해야 하니까 점장님께서 인턴사원인 저에게 마이크를 위임해 주신적이 있었어요. 조금 긴장되기는 했지만 제가 무대체질인지 재밌게 장사했던 것 같아요. 선배들이 알려주는 매뉴얼을 토대로 제가 살을 조금 더 붙여서 방송하면 크게 문제 될 건 없더라고요.

그래도 메뉴얼로만 되는 건 아니잖아요.

"안녕하십니까, 오늘도 저희 매장을 찾아주신 고객 여러분들께 진심으로 감사를 드립니다. 0월 0일 저희 매장은 강원도에서 따끈따끈하게 공수해온 옥수수가 진열되어 있습니다. 현 시간부터 00시까지 프로모션 시간이니 많은 관심 부탁드리겠습니다."(웃음) 정확한 멘트는 기억이 안 나요. 이 멘트를 제가 마이크를 들고 방송했는데 매장 직원들이 들으면서 웃더라고요. 선배도 "잘 하네" 칭찬해줬고요.

마이크 잡을 때 마음이 어땠어요? 왠지 물 만난 고기 같았을 거 같은데.

당시 매장은 마이크가 지하 사무실에 있어서, 제 끼를 발산하기엔 좀 상황적으로 힘들었죠.(웃음)

아, 그럼 라디오 DJ처럼 방송해야 하니 고객들 얼굴은 못 봤겠군요.

예, 라디오 DJ처럼 방송만 한 거죠. 매장 분위기를 알기가 힘들었어요. 오히려 부담은 적었죠.

제 느낌상 손님을 보면서 했으면 더 잘 하셨을 거 같은데요.

흠… 그랬을까요?(웃음) 어쨌든 그때 당시 매장에선 손님들이 제 목소리를 듣기만 하는 거죠. 그래도, 나중에 취업 준비하면서 자기소개서 쓸 때 도움이 되긴 했어요.

흥 좋은 아주머니들을 대했으면 잘 하셨을 거 같은데 말이에요.(웃음)

"고객님, 내일 오시면 오늘보다 4개 더 드릴게요"이런 식으로 말이죠?(웃음) 제가 나름 주부들의 심리를 잘 알거든

요. 1+1과 2+1, 이건 또 다르더라구요

본인이 갖고 있는 입담이 실제로 제약 영업할 때 도움이 되는 편인가요?

안 먹혀요.(웃음) 물론 회사 회식할 때는 좀 먹히죠. 병원 가서, "원장님, 아시잖아요." 이런다고 모든 의사선생님들께서 저희 약을 처방해주시지는 않아요. 그렇게 편하게 영업할 순 없죠.

그런데, 다시 좀 다른 질문을 드리고 싶어요. 특별히 식품 회사를 꿈꾼 이유가 있나요?

아버지 영향 때문이에요. 아버지가 식품 회사 영업 사원부터 시작해서 영업 본부장까지 하시는 걸 보면서 '나도 이 업계에서 커야겠다' 싶었죠. 그리고 제가 먹는 걸 좋아하기 때문에 좀 즐겁게 일할 수 있을 거 같다는 생각이 들었어요.

아주 단순하면서도 명쾌한 이유네요.(웃음)

아버지께서 오랫동안 근무하셨던 식품회사에 대해 "힘들지만 무난한 회사야"라고 하셨고, 그래서 저도 생각해본 거죠. 아버지께서 "유통 쪽에서 일해보면 좋을 거 같아"는 조언도 해주셨고요. 식품 회사 영업은 유통이랑 떨어질래야 떨어질 수가 없거든요. 아버지께서 "내가 식품회사 오너라면, 유통회사에서 일해본 지원자에게 후한 점수를 줄 것이다"라고도 하셨죠. 마트 쪽에서 경험을 하면, 식품 회사들의 상황을 알 테니, 식품 회사로 가려고 할 때 큰 도움이 될 거라고 조언을 주셨어요. 유통에서 일하다보면 식품회사들의 전반적인 상황을 다 알게 될 테니까요. 업계 1등 품목을 보다 보면 '왜 이 품목은 1등을 할 수밖에 없는지, 왜 저 품목은 2등을 할 수밖에 없는지' 다 알 수 있잖아요.

비유하자면, 가령 교보문고에서 일한 사람은 출판사 상황을 잘 아는 거랑 비슷한 원리네요.

한편으론, 편입에 성공하고, 인턴도 하고, 편입 이후는 나름 탄탄대로를 걸으셨다는 생각도 들어요. 토익 점수 그 이상의 가치를 가진 다이어트도 해보셨고요. 이어서 질문할게요. 4학년이 돼서 취업 준비로 부담감을 느끼고 있는 학생이 있다면 무슨 말을 해줄 거 같아요?

뭐라도 해라!

아, 뭐라도 해라…

제 친동생을 예로 들자면, 제 동생은 자기가 가야 할 방향을 정확히 정해서 취업을 준비했었어요. 회사를 지원하더라도, 구체적으로 자신이 정말 원하고 나가고자 하는 회사와 직무에 지원을 했어요. 하지만 현실적으로 이런 좋은 케이스가 얼마나 되겠어요. 고3 수험생들 중 수능 점수 맞춰 대학 가는 학생들이 많듯이, 취업도 현실이 그렇더라고요. 취업을 하기 위해 학점도 잘 받고, 어학연수에, 높은 토익, 토플 점수도 취득하고 나름대로 준비를 했는데 정작 내가 뭘 좋아하는지 모르는 취업준비생들이 많을 거에요. 그건 스펙 쌓는 동안 직무 경험을 안 해봐서 그래요. 그래서 저는 이것저것 해보는 것을 추천해요. 아르바이트도 해보고 동아리 활동도 해보면서, 자기한테 맞는 걸 찾아가는 거죠. 동아리에 가보니 사람이 너무 많아서 피곤하다면, '아, 난 사람들이 많으면 피곤하구나'라는 걸 알 수 있는 거죠.

책상머리에 앉아서 자격증만 따고 토익만 준비하면 그걸 알 수가 없죠. 자격증 역시 내가 그 쪽으로 가야겠다고 해서 딴 게 아니라, 남들이 따니까 취득하는 경우가 많거든요. 같이 취업을 준비하는 동기들한테 휩쓸려서 취득하는 거죠. 제가 뭐라도 하라고 하는 이유는, 뭐라도 해야 내가 진짜 뭘 좋아하고 뭘 싫어하는 줄 알 수 있거든요. 예를 들어 공대 출신도 마케팅 관련 동아리를 한 번 경험해보고 활동해보면 좋것 같아요. 꼭 자기 전공에만 맞는 경험을 하지 않더라도 이것저것 하다보면 자기 적성을 알 수 있으니까요. 내가 뭘 해야 할 줄 모른다면, 뭐라도 해봐야 해요. 다들 고민들은 엄청 해요. 그런데 책상에 앉아서 그 고민을 해봤자 답이 없다는 거죠. 뭐라도 해야, 뭐가 맞고 안 맞는지 알 수 있거든요.

아주 좋은 조언이네요. 달리 말하자면, 내가 좋아하는 걸 당장 찾는다기보다는, 내가 절대 할 수 없거나, 하고 싶지 않은 걸 지워가는 과정이 중요한 거군요.

예, 맞아요.

100% 좋아하는 걸 할 순 없으니 조금이라도 덜 싫은 걸 하는 거죠.

왜냐면, 내가 확고한 꿈이 있으면 그것만 하면 되겠죠. 그런데 그건 이상적인 이야기에요. 다들 시간낭비라는 이유로, 안 하려고 하거든요. '내가 이걸 왜 해?'라는 생각을 하며 기회들을 차버려요. 저도 그랬어요. 그러다가 결국 '내가 뭘 좋아하지'라고 고민만 잔뜩 하다가 끝나요. 그럴 바에는 뭐라도 하라는 거죠. 그러면 적어도 이게 나랑 맞는지 안 맞는지 정도는 알 수 있어요. 하나하나씩 지워가는 거죠. 펜 대가리 굴리면서 인터넷 검색만 해봤자 소용없어요. 제가 그랬거든요.

예, 정말 와 닿고 좋은 얘기에요.

그렇게 인턴을 마치고 나서 4학년 2학기가 됐을 때 '빨리 취업해야 한다는' 조바심이 일지 않았어요?

당시 인턴을 마치고 점장님이 저를 보고 "사람들과도 잘 지내고 하니 정직원 추천서 써주겠다"고 했는데 사양했어요. 그때로 다시 돌아가도 아마 같은 결정을 내릴 거예요. 열심히 공부해서 편입까지 했는데, 전문대졸이 아닌 4년제 대졸 대우는 받고 싶었거든요. 그래도 이력서에 한 줄 쓸 게 생겼으니 그 한 줄을 믿고 여기저기 원서를 쓰기 시작했죠. 그런데 신기하게도, 몇 개 식품회사에 서류가 붙더라고요. 심혈을 기울여 쓴 회사 몇 군데가 있었어요. 식품 업계에서 유명한 회사들은 정말 열심히 썼죠. C사, D사, O사 등등 공고 뜨면 다 썼어요. "내가 당신네 회사 제품을 직접 매대에 진열했었다"고 썼던 C사는 서류를 통과했어요. 직접 검수하고 매대도 진열해봤다는 게 큰 힘이 된듯해요. 얼마나 현장에서 눈으로 봤느냐가 중요했으니까요. 내가 OO참치를 직접 진열하고, OO우유도 진열하고, 뭐 이런 것들을 쓴 거죠. 인턴 때 했던 프로모션이나 마이크 잡고 판매했던 경험을 자기소개서에 작성하니 서류가 하나씩 붙더라고요. 그런데 문제는 인적성이었어요. 시중에 나와있는 인적성 관련 문제집을 사서 엄청나게 풀기 시작했죠. 인적성도 저랑 맞는 인적성이 있더라고요. 운좋게 C사 인적성에 합격했어요. 하지만 아쉽게도 면접에서 떨어졌어요. 면접에 대해 체계적으로 준비한 게 없다보니 모든 과정이 산 넘어 산이었죠.

C사 면접은 기억나요?

저같은 경우 오전면접/오후면접 나뉘어서 하루종일 면접을 봤었어요. 오전면접은 면접관 1-2명이 돌아다니면서 토론하는 지원자들을 유심히 지켜보는 형태의 면접이었어요. C사가 대기업이다보니 다양한 계열사가 있었고, 계열사와 계열사가 합쳐서 시너지를 낼 수 있는 방안 같은 걸 토론했죠. 그런 주제를 미리 준비한 취준생들은 확실히 잘 하더라고요. 역시 아는 게 많아야 할 말이 있다는 걸 느꼈어요. 협동심, 회사에 대한 이해, 소비 트렌드, 협상력 등등 그런 걸 전반적으로 다 평가하는 듯한 느낌이었어요. 그렇게 오전 면접을 마치고 점심 식사 후에는 우리가 흔히 아는 집단면접이 진행됐죠.

면접 내용은 어땠어요?

"왜 우리회사 지원했냐?" "영업이 무엇이라고 생각하나?" "왜 지원자가 이 직무에 적합하다고 생각하나?"라는 일반적인 질문도 받았고, 개개인의 경험에 대한 세부적인 질문들도 받았는데 '하…더 많은 것을 준비했어야 했는데' 하는 후회가 남았어요. 어느 회사라도 하나 얻어 걸리겠지. 하나라도 더 지원하겠다는 마음으로 미친 듯이 원서는 썼지만, 실질적인 면접 준비는 미흡했던 것 같았어요. 그렇게 C사는 떨어지게 되었죠.

제가 졸업은 2013년 8월에 했어요. 졸업하고 나서 여기 저기 지원한 회사에 줄줄이 떨어진 상태였죠. 한 주에 세 군데 회사의 면접을 봤는데 다 떨어지기도 했고요. 멘탈이 붕괴되니 아버지가 "너무 힘들면 비용 보태줄테니 여행이나 갔다 와라" 고 하셨어요. 더 이상 자기소개서도 쓰기 싫었고요. 그 얘기를 대학 동기들에게 하니 "아버지께서 보태주시는 비용으로 노트북이나 사서 자소서 하나라도 더 써라"라고 하더군요. 여행이야 갈 때만 좋을 뿐, 돌아오면 다시 이 현실에 부딪쳐야 하다보니 친구들 말이 맞다는 생각이 들었죠. 취업 안 된 대학동기들이랑 강남의 어느 한 카페에 모여서 자기소개서만 쓰기로 했어요. 당시 의류유통과 관련한 A회사가 전성기를 누릴 때였어요. 그 회사 공고가 떴는데 "난 식품 업계를 쓸거니까 의류 관련 회사는 지원 안한다"라고 말하니 친구들이 다들 저보고 "넌 아직도 배가 불렀구나!"라고 말 하더라고요. 그 말에 못이겨 결국 억지로 썼어요. 친구들한테 제가 쓴 자소서를 보여주니까 다들 비웃었어요. 그런데 저만 서류 통과했어요.(웃음) 끝까지 버티다가 썼는데, 저만 된 거죠. 운좋게 인적성 시험까지 통과해서 면접까지 갔어요.

진짜 신기한 건, 면접관이 옷에 대해서는 하나도 물어보지 않고 제가 작성했던 자기소개서의 진위 여부를 알아내기 위한 질문만 하더라고요. 거짓없이 정말 경험한 내용을 토대로 면접에 임하는지를 중요하게 생각하는 것 같았어요. "지찬솔씨, 유통회사에서 인턴을 하시면서 팥빙수 프로모션할 때 개당 얼마에 판매하셨어요?"라는 걸 물어보시더라고요. 제가 실제로 경험한 거니 어렵지 않게 모두 대답할 수 있었고 결국 1차면접은 붙었죠. 그 후, 2차 임원 면접에 가니 지원 회사에 대한 관심도를 보더라고요. 그렇게 운좋게 최종합격을 했습니다.

결코 거기가 작은 기업이 아니었는데, 어떻게 뚫은 거죠? 어떤 면을 면접관들에게 어필한 것 같아요?

거짓말 안 한 거요. 부족하면 부족한대로, "어버버버" 하면서도 사실대로 말한 거라고 봐요. 사실 저는 의류 계통 회사는 거의 몰랐거든요. 당시 경쟁률이 100:1을 넘겼어요. 저희 기수가 70명을 뽑았죠.

최종합격했을 때 기분은 어땠어요?

묘했어요. 이게 맞는 건가? 친구들은 축하한대요. 너 처음에는 지원 안하려고 했잖아, 우리 때문에 쓴 거니까 한턱 쏴. 다 그랬죠. 만약 제가 가고 싶던 식품회사 쪽이었다면 정말 좋았겠죠. 하지만 부모님도 조금 걱정하시더군요. 제가 워낙 패션을 모르니까요. 아니나 다를까. 신입사원 연수를 갔는데 시작부터 다른 거예요. 함께 입사한 동기들은 옷에 대한 관심이 있는데 저만 '묻지마 지원'을 해서 입사했다는 느낌을 많이 받았어요.

취업하고 나서 연수를 받고 실제로 투입됐던 곳은 어디였어요?

집 근처 백화점 내에 있는 매장이었어요. 막상 일을 해보니 쉽지 않더군요. 고객이 와서 "이 옷 저랑 잘 어울리나요?"라고 물으면 잘 몰라서 얼떨결에 "예예예" 하기도 했고요. 계산대에서 업무를 보고 있는데 계산이 느리다고 고객님으로부터 혼나기도 했고요. 그리고 계절마다 진열하는 옷이 달라지잖아요. 그걸 봐도 옷에 대한 트렌드를 잘 모르겠더라고요. 물론 당시 제가 합격한 회사는 "패션업이 아니라 유통업이다, 너가 옷에 대한 강박관념을 느끼지 않아도 된다"라고 했지만, 저는 별로 와닿지 않았어요. 일단 옷에 대해 어느 정도의 관심은 필요한 거잖아요. 내가 유통하는 제품에 대한 확신이나 관심이 있어야 하는 거잖아요. 결국 금방 퇴사했죠.

취준생들은 그래도 취업이 중요한데, 그 이유 때문에 결국 퇴사를 한 거예요?

예, 그게 첫 번째죠. 부가적인 이유도 있지만, 그게 첫 번째에요. 힘들더라도 내가 옷을 좋아하는 사람이면 관심을 갖고 공부라도 했겠죠. 결국 3개월 있다가 퇴사를 했어요. 내가 30살이 되기 전, 너무 늦지 않았을 때 그만두는 게 좋겠다는 판단을 했어요.

만약 옷이 아니라 식품이었으면 달랐겠네요.

맞아요, 인턴 했던 곳이나 취업했던 곳이나 똑같이 유통업인데, 취업을 하고 나서는 옷과 관련된 일이 나와 안 맞는다는 생각을 했던 것 같아요. 내가 파는 물건에 대한 확신이 없는 셈이었죠. 아니다 싶으면 빨리 나오는 게 답이라고 봤어요.

빨리 그만두는 게 쉬운 일이 아니었을 텐데요. 다시 자소서의 세계로 가야 하니까요.

그만뒀을 때, 친한 동기들이 다 "지찬솔이 저렇게 빨리 퇴사할 줄은 몰랐다"라고 말했었지만, 시간이 지나고 나서는 "너의 판단이 옳았다"고 나중에 말해주는 동기들도 있었어요. 저는 지금까지 제가 퇴사한 회사를 다니는 동기들을 존경해요. 하지만 취준생으로 돌아간다고 해도 이 회사는 원서도 안 쓸 것 같아요. 하지만 그곳에서 했던 짧은 경험은 정말 소중했어요.

이건 나랑 맞지 않는다는 느낌을 알았으니까.

예, 원서 작성 포함 반년이란 기간이 참 소중했어요.

사실 요새 퇴사라는 키워드가 유행이잖아요. 예를 들어, 퇴사는 여행이다, 라는 말도 있고요. 퇴사에 대한 이미지가 예전과 다르거든요. 지금은 퇴사 이후에도 자신의 인생을 꾸려가는 사람들이 많아졌고요. 퇴사라는 게 그렇게 무거운 분위기가 아닙니다. 퇴사를 경험한 사람으로서, 퇴사를 고민하는 사람에게 해주고 싶은 말은?

퇴사를 결정할 당시 밤을 샜어요. 결정을 내리기 전 한 달 정도는 '그만둬야 하나 계속 다녀야 하나' 고민했고요. 결국 저질러야 해요. 물론 후회할 수 있어요. 다행히 전 지금도 후회 안 해요. 그러나 후회하더라도 배우는 게 분명 있어요.

퇴사를 하려면, 당장의 손해를 감수해야 한다는 거죠.

그렇죠. 저는 감수했어요. 장남이라는 타이틀도 있고, 졸업한 지도 1년이 된 상태였고, 제가 소위 말하는 SKY를 졸업한 엘리트 출신도 아니고.

한편으론, 퇴사 결정 역시 하나의 소중한 성취 아니었을까 싶

네요.

제 나름대로는 대단한 결심이었다고 봐요. 나름대로의
빠른 판단을 통해서, 다른 것을 준비하는 것만으로도 대단하다
고 칭찬한 지인들이 꽤 있었죠.

그러면 한 번, 퇴사는 ○○이다.

퇴사는 ○○이다… 쉽지 않은 정의네요. 흠, "퇴사는 교
훈"이라고 봐요. 일반화하고 싶진 않지만, 제 인생을 봤을 때 전
배운 게 많았거든요. 교훈이에요.

뭘 그렇게 배웠어요?

'저지를 땐 저질러야 한다'는 판단력을 가지고 있어야
겠다, 라는 생각. 과감하게 저지르고 빠르게 판단해야 할 필요
를 느꼈거든요. 퇴사를 했지만 '아! 패션유통업계랑 나는 정말
안 맞구나'라는걸 알았으니까요. 결국 방향이 더 좁혀졌다고
해야 할까요.

**사실 경험이 중요한 이유는, 나에게 맞지 않는 것을 제거하기 위
함이죠. 내가 좋아하는 일을 찾기 위함이 아니라.**

맞아요. 퇴사가 사실 부정적인 단어잖아요. 그 안에서 교훈이라는 정의를 찾는 건, 직접 경험한 사람만 알 수 있어요. 무겁고 어두운 단어에서 교훈을 찾는 건 해본 사람만 알 수 있죠.

직접 경험한 사람만, 이 말이 꽤 묵직하게 다가오네요.

"저는 이것저것 해보는 것을 추천해요. 아르바이트도 해보고 동아리 활동도 해보면서, 자기한테 맞는 걸 찾아가는 거죠. 동아리에 가보니 사람이 너무 많아서 피곤하다면, '아, 난 사람들이 많으면 피곤하구나'라는 걸 알 수 있는 거죠. 책상머리에 앉아서 자격증만 따고 토익만 준비하면 그걸 알 수가 없죠. 자격증 역시 내가 그 쪽으로 가야겠다고 해서 딴 게 아니라, 남들이 따니까 취득하는 경우가 많거든요. 같이 취업을 준비하는 동기들한테 휩쓸려서 취득하는 거죠. 제가 뭐라도 하라고 하는 이유는, 뭐라도 해야 내가 진짜 뭘 좋아하고 뭘 싫어하는 줄 알 수 있거든요."

영업사원 지찬솔의 보람찬 하루 일과
(2020년 X월 X일 X요일)

    평범한 어느 하루의 일과를 말해보자면 다음과 같다. 다
만, 매일 똑같은 일과를 보내지는 않는다. 계획한 것보다 많거
나 혹은 적게 거래처 병원에 방문할 수도 있다. 제약 영업직의
특성상 거래처 병원의 상황에 따라 일과는 유동적으로 변한다.
이러한 점을 감안하여 읽어주셨으면 하는 바람이다.

    오전 6시 50분
    핸드폰 알람이 울렸다. 확인 후 알람을 껐다. 5분 뒤 다
시 알람이 울렸다. 확인 후 알람을 껐다. 5분 뒤 정각 7시 다시
알람이 울렸다. (단 한번의 알람에 잠자리에서 뚝딱 일어나는
것은 쉽지않다. 하하!) 그제서야 일어나서 화장실로 직행! 간
단히 볼 일(작은 일? 혹은 작은일+큰일?, 전날 먹은 저녁식사
에 따라 결정됨)을 본다. 볼일을 보면서 생각했다. 4년 전엔 근
무지역이 멀어서 아침 5시- 5시 30분에 기상했는데 7시에 기
상하는 것이 참 감사하구나!

오전 7시 40분

집을 나서 운전대를 잡았다. 오늘 오전 일찍 ㅇㅇㅇ병원 의사 선생님들과 병원 진료 시작 전 면담이 계획되어 있다. 개인 병원이 아닌 어느 정도 규모가 있는 준종합병원 이상의 큰 병원은 환자들이 많기 때문에 의사선생님을 만나기 쉽지 않다. 때문에 오전 진료 시작 전, 병원 점심 시간 직전, 외래 진료 마감 직전에 보통 면담을 많이 한다.

오전 8시 35분

거래처 병원에 도착 후, 지점장님께 출근 보고 전화를 드린다. 진료과 의사선생님별(내과, 정형외과 등)로 회사 제품(위장약)에 대해 이야기할 논문 및 디테일(약 설명) 자료를 준비한다(이 때 종종, 간단한 커피 혹은 회사에서 배포하는 판촉물을 함께 준비한다). 진료시작(오전 9시) 전에 최대한 많은 의사선생님들과 면담을 진행해야 하기 때문에 분주하게 움직인다. 정형외과 선생님께서 학회일정으로 인해 진료가 없으셔서 면담을 하지 못했지만, 나머지 선생님들과는 면담을 모두 진행하고 주요 사항을 체크한 뒤, 다음 면담을 기약한다. 면담을 하지 못한 정형외과 선생님은 다음 주에 다시 면담할 수 있도록 계획을 수정한다.

오전 9시 15분

진료 전 면담을 한 ○○병원을 나와 잠시 숨을 돌리고 오전, 오후에 가야 할 병원에 대해 다시 꼼꼼히 정리한다. 대부분의 병원들은 오전에 환자가 많은 편이다. 때문에 특별한 일이 있지 않는 이상 오전 진료 시작 직후 일찍 병원에 방문하는 영업사원을 의사선생님들은 선호하지 않는 편이다. 정말 중요한 일 혹은 거래처 의사 선생님께서 제품에 대한 문의사항으로 영업사원을 먼저 찾지 않는 한, 환자가 많은 오전 9시~10시 사이에는 방문을 많이 하는 것은 역효과를 볼 수 있다.(물론, 지역적인 특색, 혹은 거래처 상황마다 다르다.) 거래처 신규를 하기 위해 처음 방문하려는 병원인 경우 오전 이른 방문을 자제하는 편이다. 물론, 환자가 많이 없는 병원은 오전에 방문해도 크게 상관없는 것 같다. 가령, 개원 직후 지역 내에 홍보가 많이 되지 않아 환자가 많지 않은 병원의 경우 그렇다.

오전 10시 30분

○△내과에 방문한다. 우리 회사 위장약의 특장점에 대해 원장님께 설명하고 제품설명회 일정을 잡는다. 규정에 어긋나지 않는 선에서 의사선생님과 함께 식사하고 제품을 홍보하는 것은 가능하다. 리베이트 때문에 식사자리를 민감하게 받아들이는 의사선생님들도 있지만 규정에 대해 자세히 설명하고

식사 자리가 리베이트가 아닌 제품을 홍보하는 것이 목적임을 강조하면서 일정을 잡는다.

오전 11시

○○정형외과에 방문한다. 의사선생님에게 만성 통증 환자에게 적합한 약을 추천하고, 만성 통증으로 밤에 잠을 못 주무시는 노인환자에게 적합한 약임을 설명한다. 회사에서 배포하는 판촉물을 함께 전달한다.

오전 11시 30분

XX정형외과에 방문한다. 얼마 전 의사선생님이 요청했던 회사 위장약 샘플을 전달하고 다시 한번 제품의 특장점을 일목요연하게 전달한다. 샘플을 요구했던 제품 이외의 다른 제품도 함께 홍보하면서 '같이 처방하면 시너지 효과가 있음'을 강조한다.

오전 12시

△△가정의학과에 방문한다. 의사 선생님께서 얼마 전 회사 간장약 샘플 요구해서 전달하고 다시 한 번 제품의 특장

점에 대해 디테일을 실시한다. 경쟁품에 비해 회사 제품이 갖는 가격, 효능적인 측면의 장점을 다시 한 번 강조하고 면담을 종료한다.

오전 12시 30분

☆☆ 병원에 방문한다. 규모가 조금 큰 병원으로 만나야 할 의사 선생님이 많은 병원이다. 병원 점심시간이 1시부터라 30분 사이에 최대한 많은 의사 선생님을 만나고자 노력한다.

내과 선생님 두 분, 정형외과 선생님 세 분과의 면담을 종료하고 병원을 나온다. 내과, 정형외과 선생님들을 모두 모시고 회사 위장약과 관련한 제품설명회를 실시하고자 일정을 조율한다. 준종합병원은 개인병원보다 환자가 훨씬 많기 때문에 매출을 올릴 수 있는 좋은 기회가 될 수 있다.

점심시간(오후 1시 ~ 2시)

대부분 병원 점심시간에 맞추어 점심을 먹는다. 점심시간에 영업사원 면담을 좋아하는 의사선생님은 거의 없다고 보면 된다. (사전에 점심식사 약속이 있는 경우 제외)

오후 2시 30분

▽▽내과에 방문한다. 점심시간 직후라, 커피 한 잔 구입하여 의사 선생님께 인사드린다. 개원한 지 얼마 되지 않아 홍보가 덜 된 상태라 그런지 환자가 많지 않은 편이다. 회사 위장약의 장점에 대해 자세히 이야기하니 앞으로 처방해보시겠다는 이야기를 해주신다. 면담을 마치고 병원 옆에 위치한 약국에 방문하여 약사님께 인사드리고 "회사 위장약을 구비해달라"고 부탁드린 뒤 다음 병원으로 이동한다. 이렇게 신규거래처 확보에 성공!

오후 3시

□□정형외과에 만성 통증 환자에게 적합한 약을 디테일하려고 방문했으나 환자가 상당히 많았다. 카운터에 있는 간호선생님이 다음에 다시 방문하는 게 좋을 것 같다고 해서 면담을 하지 못하고 나온다. 보통 오전에 환자가 많은 병원이라 오후에 방문했는데 오늘은 오후에도 환자가 많다. 다음주에 다시 방문해야겠다. 일정을 체크해둔다.

오후 3시 30분

□○의원에 방문한다. 원장님이 얼마 전부터 회사 위장

약을 처방해주었는데, 환자들의 병세 호전 정도가 좋은 것 같다는 긍정적인 피드백을 주신다. 다른 약(혈압약, 당뇨약 등)과 함께 처방했을 때 생길 수 있는 부작용은 없는지 물으신다. "저희 회사 위장약은 약물상호작용이 없다"는 강점을 다시 한 번 강조하며 면담을 마친다.

오후 4시 30분

□○의원에서 거리가 조금 떨어진 □△○의원에 방문했다. 운전 중, 졸음이 쏟아져서 창문을 열고 라디오에서 흘러나오는 노래를 따라 부르며 운전한다. 깜빡 졸다가 내 앞에서 신호 대기하던 외제차와 접촉사고가 날 뻔. 우여곡절 끝에 도착한 병원, 그러나 원장님의 학회 참석 일정으로 인해 오후 3시까지 진료. 다음 주에 다시 방문해야겠다고 체크하며 다음 방문할 병원으로 발걸음을 옮긴다. 이러한 일이 종종 발생하는데 영업상의 중요한 병원은 의사 선생님의 스케줄을 꼼꼼하게 파악해야겠다는 교훈을 다시 한 번 획득.

오후 5시 30분

☆○병원에 방문했다. 6시에 병원 외래 진료가 끝나는 병원이므로 30분 사이에 최대한 많은 의사 선생님들과 면담하

기 위해 노력한다. 내과 선생님 세 분과는 간장약과 관련한 면담을, 신경외과 선생님 한 분과는 만성통증치료약을, 정형외과 선생님 한 분과는 관절약과 관련한 면담을 실시한다. 정형외과 선생님이 관절약 샘플을 한 번 보고자 해서 다음 번 방문 때 전달하기로 한다. 타 경쟁회사 제품 대비 뛰어난 몇몇 장점에 대해 높은 평가를 받음.

오후 6시 30분

□□□정형외과에 방문한다. 이 병원은 오전, 오후 내내 환자가 많은 병원이므로, 항상 병원 진료 끝나기 직전에 방문하는 편이다. 원장님이 하루 종일 진료를 보느라 지친 표정이다. 회사 위장약과 관절약을 처방해주고 있다는 사실에 감사를 드리고, 관절약과 관련하여 최근에 의학전문지에 실린 논문 자료를 전달하며 관련된 면담을 마치고 나온다.

오후 6시 50분

지점장님에게 퇴근보고 전화를 한다. (대부분의 병원이 6시~7시에 문을 닫는다. 야간진료가 있는 병원의 경우 저녁 늦게까지 운영하므로 기회가 되면 방문해 보는 것도 좋다.)

퇴근 후, 저녁을 해결하고 잠시 카페에 들려 오늘 하루를 되돌아보는 시간을 갖는다. 사정상 원장님을 만나지 못한 병원은 언제 재방문 해야 할지, 혹은 제품 설명을 했을 때 원장님의 반응이 어떠했는지 등을 체크한다. 또한, 다음날 방문해야 할 병원에서 어떠한 제품을 디테일(홍보)할지 꼼꼼히 정리한다. 지점장님이 요구하는 영업활동과 관련한 자료가 있을 경우 작성하기도 한다.

오후 9시-11시

집에 도착 후, 씻고 침대에 누워 오늘 있었던 프로야구 혹은 프로축구 중계 하이라이트를 본 뒤, 잠자리에 든다. 스포츠 중계를 시청하는 시간은 일과 중 가장 마음이 편한 시간이자 스트레스를 잊는 나만의 방법.

이렇게, 영업사원 지찬솔의 하루 끝.

제약영업은, 숫자다.

얼마 전 다리를 다치셨다는 소식을 전해주셨잖아요. 그 소식을 듣고 한편으로 걱정이 됐습니다. 다치고 나서 현업에 돌아가니 어땠어요?

뼈가 다 붙고, 목발도 안 짚고 복귀했다면 정말 좋았겠죠. 그렇게 하기엔 연차도 다 소진된 상태였고요. 사실 너무 갑갑했어요. 목발을 하고 깁스 한 상태로 운전하고 회사 출근한다는 게 보통 일이 아니잖아요. 윗분들 만나면 눈치도 보이고. 심리적으로 힘들더라고요. 힘들었다는 게 딱 당시 감정이었어요.

아, 정말 그랬겠어요.

일단 몸이 힘들었고, 그 다음엔 막막함이 밀려왔어요. 앞으로 어떻게 하지? 그동안 일 못한 거 어떻게 메꾸지? 그것에 대한 막막함이 컸어요. 거래처에 가도 눈치가 보이고, 이런 모습으로 가면 안 좋아하는 의사선생님도 계실 텐데. 거기서 오는 걱정과 막막함이 있었죠. 스트레스로 잠을 잘 못 잤어요. 그래도 정말 운이 좋았던 건, 신입사원 동행 근무 기간이랑 겹쳤다는 거예요. 그 기간은 회사 차원에서 다양한 선배들과의 동행 근무를 통해 신입사원들에게 다양한 경험을 쌓아주려고 만든 기간이거든요. 제가 목발을 짚고 다녀야 하는 상황이다보니 가방도 못 드는 상태였어요. 회사에서 거래처 병원에 전달하라는 작은 영업용 판촉물조차 들 수가 없었죠. 그래서 제가 신입사원 전담으로 얼마간 같이 다닐 수 있도록 회사가 배려해줬죠. 대신 너가 이론적으로 잘 알려주라, 는 특명을 받았죠. 신입사원과 동행했던 시간 덕분에 버틸 수 있었어요. 막막했지만 불행 중 다행이었죠. 어려운 시절에 신입사원들이 제 팔이 되어줬어요. 그래서 목발 없이 걸을 수 있을 때, 저를 도와준 신입사원들에게 은혜를 갚아주려고 나름의 시간도 마련했어요. 내가 힘들 때 너희가 와줘서 그나마 회사생활을 유지할 수 있었다, 이런 거죠. 선배로서의 감사의 마음을 전하고 싶었어요.

일반적으로 회사에서 기대하기 힘든 관계가 맺어진 거네요.

예, 잊지 못할 사건이고, 단순히 쟤 우리 회사에 들어온 신입사원이구나, 정도가 아니라 끈끈한 사이가 됐어요. 지금도 끈끈하게 연락을 하는 관계가 됐죠. 또 하나의 동생을 얻은 느낌이에요. 내가 사지 육신이 멀쩡했다면, 일반적인 선후배 관계였다면, 이런 관계를 못 맺었을 거예요. 가르쳐주는 입장, 배우는 입장으로 갈렸겠죠. 도움을 받는 상황이 되다보니 생겨난 관계에요. 참 고마운 친구들이었죠. 더 알려주게 되고. 정말 형 동생 할 수 있는, 뭘 하나 얻었어요.

지금 문득 느낀 건데, 저와 인터뷰를 처음 하던 봄과 지금의 느낌은 또 달라요. 지금이 좀 더 여유가 생긴 느낌이라고나 할까요.

여유라… 다리도 다쳤었고 그만큼 시간이 금방 흘러간 것 같네요. 여유라기보다는 회사생활을 하면서 느끼는 점을 말씀드려보자면, 나랑 안 맞는 사람만 있진 않고, 그렇다고 나랑 맞는 사람만 있진 않다는 것을 요즘 많이 느껴요. 요새 취업이 어렵잖아요. 일이 안 맞아서가 아니라, 적성에 맞아도 사람이 안 맞으면 다른 회사를 찾게 되는 친구들이나 후배들을 종종 봐요. 똑같은 일을 하는 다른 회사를 찾게 되죠. 물론, 힘들지만 꾸역꾸역 버티고 가는 경우도 있고요.

나랑 정말 안 맞는 사람은 어떻게 대처하는 편이에요?

제약 영업이 혼자 다니는 직종이다보니 혼잣말을 하게 되더라고요.(웃음) 너무 열이 받는데 얘기할 사람이 없어요. 회사에서 근무하면 "찬솔아, 커피 한 잔 하자"그럴 수 있는데, 저는 없어요. 운전하면서 "아, 그 사람은 대체 왜 그러고 사는 걸까?" 이런 식으로 혼자서 하는 거죠. 혼잣말 하다보면 어느새 또 풀려 있어요. 그렇게 풀리다 보면 '그래 내가 참아야지'라는 결론에 도달하는 거예요. 물론 퇴근 후에 다른 회사 영업사원이랑 만나 얘기하면서 풀기도 하고요. 가끔은, 너무 힘들면 거래처 병원 의사 선생님께 속풀이도 하고, 그리고 나서는

"원장님 저 한 번 믿고 도와주시면", 그렇게 대놓고 도와달라고 말하기도 해요.

제약 영업사원을 소화하면 웬만한 직업은 다 소화할듯해요.
그렇게 보진 않아요.(웃음)

결과를 내야 하는 것에 대해 익숙해지잖아요. 당장 결과를 내는 것에 대해 최적화된 직업이랄까.
그렇긴 하죠. 결국은 숫자예요. 숫자가 '나'라는 사람을 대변해요. 너 저번 달 몇 퍼센트 달성했어? 이 질문에 대한 답변이 그냥 지찬솔이라는 사람을 대변하는 거예요. 잔인하고 무섭지만, 반대로 숫자만 잘 나오면 그것처럼 좋은 게 없어요. 인정받으니까. 그리고 남자라는 동물은 권력욕이나 인정욕이 강하잖아요. 제 동생이랑도 이야기 나눴어요. "형, 직장 별 거 있겠어? 내 직장 선임이 나한테 말해주기를 '윗사람이 너 수고했어, 내가 끌어줄게, 그거 하나 보고 버티고 사는 거야'라고 하더라고… 나는 어느 정도 공감이 돼." 이렇게 말하는 동생을 보며 저도 크게 공감이 되더라고요. 결국 임원까지 가는 사람도 인정받아서 거기까지 가는 거고요. 사실 그거 바라보며 버티는 거라고 봐요.

그런 의미에서 이번에 다쳐서 아팠을 때 위기감을 느꼈을 것 같아요. 다 엎어지는 것 같은 두려움 같은 거.

제가 다치기 전까지 엄청난 퍼포먼스를 보인 건 아니었기 때문에 '이러다 회사 짤리나?' 최악의 경우까지 생각을 했죠. 선배들은 "야 말이 되는 소리를 해" 그랬지만, 저는 당사자다보니 그런 극단적인 생각까지 하게 되더라고요. 자기 관리 못했다고 자를 수도 있는 거니까요. 그것에 대한 리스크를 당연히 생각했죠. 지금 생각해보면 내가 너무 깊게 걱정했구나, 싶긴 해요. 그래도 그런 압박속에도 비교적 부드럽게 넘어갔어요. 3분기에도 100% 달성을 했고요.

어떻게 보면, 이건 스포츠 선수와 비슷하다고 봐요. 부상을 당해도, "먹튀"라는 소리를 들을 순 없으니 움직이게 되고, 그런데 내 뜻대로 몸은 움직이지 않으니까. 그렇게 생각하니 이해가 가요. 아, 그리고 이건 좀 다른 질문인데요. 영업사원에게 겨울은 어때요? 이제 슬슬 겨울이 다가오다보니 궁금하네요.

정의를 내리기가 어려워요. 제약회사마다 주력으로 하는 품목이 다르잖아요. 가령, 어느 제약 회사가 피부과를 대상으로 영업을 많이 한다고 하면 여름이 극성수기일 거예요. 가령, 호흡기 약을 집중적으로 하면 봄, 가을이 성수기겠죠. 각 회사마다 시기별로 주력하는 품목들이 분명 있을거에요. 겨울은 건강 검진 영향이 큰 계절이에요. 소화기내과 같이 내시경 하는 곳은 그야말로 환자가 박 터지죠. 사실 대한민국 성인들 중에서 작은 위염이 없는 사람이 거의 없어요. 그 검진 환자들에게 위장약이 처방 나가면 그 회사 매출이 겨울철에 상당히 커질 겁니다. 위장약을 메인으로 할수록 겨울이 호황이에요. 가령, 독감주사 영업하는 회사도 겨울에 바쁘겠죠. 연말에는 또 술 모임이 많다보니 내시경 하면 위염 증상이 나올거예요. 저도 심지어 위염이 있거든요. 위장약을 메인으로 하는 회사에서도 그걸 알기 때문에 11월~12월에 대한 매출 기대가 커요. 저희 회사도 위장약을 보유하고 있기에, 그래서 저의 기준으로 보면 겨울은 엄청난 부담의 계절이지만 높은 매출을 달성할 수 있는 시즌인 셈이죠.

아, 정말 회사마다 주력 제품이 뭐냐에 따라서 계절이 주는 의미가 다르겠군요. 그런데 제가 질문한 의도는 조금 달라요. 정확한 의도는, 계절자체가 주는 본질적인 느낌을 물어본 거였어요.

아, 그런 의미였군요. 그런 의미에서의 겨울이라면, 그야말로 차에서 나가기 싫어요.(웃음) 겨울은 너무 추우니까. 아무리 뭘 입어도 추우니까. 따뜻한 곳에만 있고 싶어요. 여름도 마찬가지에요. 병원에서 나가기가 싫어요. 은행 가고 싶어요. 여름이고 겨울이고 공통점은 차에서 나가기 싫다는 거죠.

그리고 제가 좀 추측을 해보자면 1년의 모든 게 결정되는 거니까, 평가받는 시기가 오는 거니까 겨울이 주는 의미가 만만치 않겠어요. 1년간의 실적표는 정확이 언제 나오나요?

다음 해로 넘어가죠. 12월 실적의 경우 그 다음해 1월 중순 쯤에 결정나거든요. 1월 중순은 돼야 비로소 한해의 전체적인 실적을 알 수 있어요.

좀 어려운 질문을 드릴게요. 제약 영업 사원에게 있어서 여유가 좀 생기는 시점이 있을까요? 영업 실적에 쿨해지면 유리하다고 이전에 말한 적이 있잖아요. 넉넉함, 여유는 언제쯤 어디서 올까요.

사람마다 달라요. 저는 지금도 제 안에 여유가 있다고 생각하진 않아요. 지역도 한 번 바뀌었고, 제가 보기엔 실적이에요. 무조건 숫자. 숫자가 좋으면 그만큼 여유가 생겨요. 여유가 자만이 되면, 그게 무서운 거죠. 여유가 생기는 건 좋아요. 삶의 밸런스를 잡아가고 멘탈적으로도 확실히 부담이 없거든요. 실적이 안 좋으면 여유가 없어요. 무조건 숫자에요. 말단 신입사원이 와도 매출로 터뜨리면 여유가 생기겠죠.

첫째도 숫자, 둘째도 숫자, 셋째도 숫자. 잘 알겠습니다.(웃음) 좀 꼰대 같은 마지막 질문을 드려볼게요. 제약 영업에 갓 들어온 신입사

원에게 해주고 싶은 말은?

신입사원에는 두 가지 부류가 있다고 봐요. 정말로 제약 영업에 꿈을 갖고 온 사람, 아니면 요즘 취업이 힘드니 어디든 가서 돈을 벌어야겠다고 해서 들어온 사람. 마음가짐은 달라도 시작점은 같겠죠. 하지만 결승점이 같지는 않다고 봅니다. 그래서 저는 '아니다' 싶으면 과감하게 퇴사를 하라고 권하고 싶어요. 조금 독설 같이 들릴 수도 있는 소리라고 봐요. 그런데 제가 퇴사를 한 경험이 있잖아요. 아니다 싶을 때 빨리 그만둬야 내 인생도 돌아볼 수 있어요. 한 번 퇴사를 했다는 게 인생에 큰 경험이 되거든요.

물론, '요즘 취업 너무 힘든데 이 힘든 취업 준비를 언제 또 해?'라는 생각을 누구나 갖게 될 거예요. 그렇게 때문에 퇴사하기 전까지 얼마나 많은 고민을 하겠어요. 그래서 그 결심이 서기까지 인생을 돌아보게 되죠. 다녀보고, 아니다 싶을 때 빨리 그만두는 게 회사나 본인을 위해 좋아요. 물론, 신입사원에게 "우리 회사 참 좋고~"라고 말하며 회사의 좋은 점을 말해주는 것도 중요하겠죠.

하지만 저는 거기서 끝내고 싶지는 않아요. 대한민국의 모든 회사는 장점과 단점이 모두 공존한다고 생각해요. 때문에 "우리회사에는 좋은 점 밖에 없다"라는 식으로 말해주고 싶진 않아요. 예를 들어, 신입사원들 앞에서 그들이 궁금해하는 부분을 답변해 주는 기회가 저에게 주어진다면, "내가 너희들에게 마지막으로 해줄 수 있는 얘기는 이거다. 어느 회사나 어느 업계나 마찬가지겠지만 우리 회사 그리고 우리 업계에도 장점도 있지만 단점도 있다. 내가 아무리 좋은 점을 강조해도 너희가 생각할 때 아니다 싶으면 빨리 그만 둬. 나도 한 번 타 업계에서 퇴사한 경험이 있고, 지금 이 회사에 있다. 빠른 결정이 하나의 인생 터닝 포인트가 될 수 있으니 너무 겁먹지 마라. 눈치볼 것도 없다.", 이렇게 말해주고 싶어요.

제가 신입사원 때 몇몇 선배님들로부터 들었던 조언이기도 했고, 저 또한 이 생각에는 변함이 없어요. 다소 이렇게 직설적으로 이야기를 했을 때도 의지가 있는 신입사원들은 분명 열심히 다닐겁니다.

강렬한 메시지네요.(웃음)

대한민국의 모든 회사는 장점과 단점이 공존한다고 생각해요. 때문에 '우리 회사에는 좋은 점 밖에 없다'라는 식으로 말해주고 싶진 않아요. 예를 들어, 신입사원들 앞에서 그들이 궁금해하는 부분을 답변해 주는 기회가 저에게 주어진다면, "내가 너희들에게 마지막으로 해줄 수 있는 얘기는 이거다. 어느 회사나 어느 업계나 마찬가지겠지만 우리 회사 그리고 우리 업계에도 장점도 있지만 단점도 있다. 내가 아무리 좋은 점을 강조해도 너희가 생각할 때 아니다 싶으면 빨리 그만 둬. 나도 한 번 타 업계에서 퇴사한 경험이 있고, 지금 이 회사에 있다. 빠른 결정이 하나의 인생 터닝 포인트가 될 수 있으니 너무 겁먹지 마라. 눈치 볼 것도 없다", 이렇게 말해주고 싶어요.

아뿔싸

"골절이에요. 바로 수술 하셔야겠네요. 입원 수속 밟으세요!"

뼈에만 이상 없기를, 병원에 가는 그 짧은 순간 수도 없이 기도했건만…

그렇게 나는 축구하다가 당한 왼발 복사뼈 골절상으로 인해 뼈에 6개의 철심을 박는 수술과 함께 15일간 병원에 입원하게 됐다.

병원에 입원한 날(2019년 4월 15일)은 하필 어머니 생신. 어머니는 본인 생일에 아들을 휠체어에 태우고 병동으로 향하는 이색적인 경험을 하셨다.

"내 평생 잊지 못할 생일이 될 거야"라고 웃으며(?) 말씀하시던 어머니의 한마디는 아직도 잊혀지지 않는다.

그렇게 가족에 대한 미안함이 밀려올 때, 가슴 속 저 깊이 회사업무에 대한 걱정이 몰려오기 시작했다.

'거래처에는 뭐라고 말해야 하나… 지점장님께 제대로 미운털 박혔겠네…'

수많은 걱정 때문인지 입원하고 나서 처음 며칠은 잠도 제대로 오지 않았다. 그렇게 일주일 뒤, 내 왼쪽 발목에 철심 6개를 박는 수술을 받았다. 수술 뒤 회사동료들, 친구들이 찾아줘서 큰 위로가 되었지만 한편으로는 자기관리를 제대로 하지 못한 것 같아 무척 부끄러웠다.

퇴원 후에도 8월초까지는 목발을 짚고 다니면서 운전하며 거래처를 다닐 수 밖에 없었다. 더운 날씨에 목발을 가지고 운전하며 다닌다는 것이 쉬운 일은 아니었다. 회사의 배려로 후배직원들과 동행하며 일할 수 있는 여건이 마련됐지만 함께 다니는 후배들에게 미안했다. 일의 효율도 좋지 못했고, 하루 종일 일하고 퇴근해도 혼자 힘으로는 씻지도 못했고, 그로인해 마음도 편하지 않았다. 이 사건(?)을 겪으며 외근직인 영업사원은 특히나 자기 몸 관리를 철저히 해야 함을 깨달았다.

사회는 냉정하다. 내가 다쳤다고 해서 회사는 나를 불쌍하게만 바라보거나 도와주지 않는다.

그 만큼의 책임이 따른다. 아픈 가운데 최선을 다해서 일했지만 지나고 나서 생각해보니 부족함 투성이었다. 지금도 그 부분을 메꾸고자 열심히 일하고 있다.

아프거나 힘들 때 도움을 줬던 사람들에 대한 고마움은 오래가는 것 같다. 몇몇 분들께 감사함을 표하고자 한다. 병문안 와서 위로해주신 회사 선배, 후배, 동기들에게 너무나 감사하다.

특히, 퇴원 후에도 지속적으로 동행하며 목발로 인해 거동이 불편한 선배를 도와준 신입사원 후배들에게 고맙다는 인사를 남깁니다.

마지막으로, 물심양면으로 다친 아들 걱정해주시고, 34살 아들이 다친 몸을 이끌고 퇴근하면 손수 매일 씻겨주신 부모님, 너무 감사하고 사랑합니다.

봄, 여름 가을 그리고 겨울

외근이 대부분인 영업직의 경우, 운전을 하거나 혹은 걷는 시간이 많다 보니 내근직 근무자보다 계절의 변화를 체감적으로 더 빨리, 그리고 더 많이 느끼며 일하게 된다. 영업사원으로서 느껴왔던 사계절에 대해 간략히 써보고자 한다.

봄

'설렘', '소개팅', '따뜻함'이 떠오르는 계절 봄…

하지만, 영업사원에게 있어서 봄은 날씨가 많이 풀렸다는 명분으로 거래처를 열심히 다니며 일해야 하는 시점이다. 거래처를 가면서 '설레고', 신규 작업을 하기 위해 처음 방문한 병원 의사 선생님과 '소개팅' 하는 느낌을 받고, 그 느낌으로 신규거래처를 개척하여 매출이 오르면서 마음 한 켠 '따뜻함'을 느끼는 영업사원을 회사는 좋아하지 않을까? 라고 생각해본다. 그렇다면, 지난 겨울에는 추우니 일을 안 해도 되는 것이냐? 그것은 또 아니다. 그냥 봄에는 이러한 명분이 생기면서 더 많은 거래처를 다녀야 하는 것이다. 실제로 추운 겨울보다 날씨가 풀리는 봄에 방문하는 거래처 수가 더 많은 편이다. 그렇다고 일만 하지는 않는다. 소개팅이 들어오는 대로 퇴근 후 틈틈이 내 인생의 반쪽을 찾기 위한 노력도 쉬지 않고 기울이는 계절이기도 하다. 혹자는 이런 나에게 '소개팅=취미활동'이라며 놀리기도 한다.

여름

제약영업직의 특성상 정장 차림으로 거래처 병원을 다녀야 하는데 땀은 비가 오듯 쏟아지고, 와이셔츠, 넥타이가 땀으로 젖는… 일하기 정말 쉽지 않은 계절이 바로 여름이다. 에어컨 바람이 시원한 병원에 들어가게 되면 밖에 나가고 싶지 않은 것은 물론, 하루 중 최고로 더운 오후 2-4시 사이 시간에는 커피 한잔 하면서 쉬고만 싶어지는 시기다. 8월 초 여름휴가(대부분 제약회사가 8월 첫째 주에서 둘째 주 사이에 휴가를 준다)만이 영업사원의 낙이라고 볼 수 있다. 보통 7월 말부터 8월 중순까지는 병원들도 휴가를 간다. 덕분에 진료하는 날도 많이 줄고, 덩달아 환자수도 많이 줄어든다. 한여름은 병원들 대부분의 비수기라고 볼 수 있다(다만, 진료과마다 차이가 있다. 피부과는 여름에 환자가 많지만 이비인후과는 상대적으로 여름에 환자가 매우 적다). 하지만, 이와는 상관없이 회사는 일하기 싫은 이 무더운 시기에 일을 많이 해놓아야 가을, 겨울에 실적이 오를 수 있다며 직원들에게 파이팅을 외친다. 개인적으로는 '땀을 많이 흘리며 일했으니 살도 많이 빠졌겠지?'라며 자기 위안을 삼고 체중계에 수시로 올라가 보지만 정말 신기하게도 몸무게에는 변화가 없다. 흘리는 땀은 많은데… 정말 이상하다.

가을

'수확의 계절', '추수의 계절'인 가을…

그렇다. 더운 여름에 열심히(?) 일했으니 이제 선선한 날씨를 기반으로 좋은 실적을 거두길 바라는 계절, 바로 가을이다. 가을은 봄과 더불어 가장 일하기 좋은 계절이라고 볼 수 있다. 실제로 여름보다 방문하는 거래처 수도 많아지고, 일의 효율도 여름보다 더 높은 시기이다. 다만, 푸르른 가을 하늘, 가을 햇볕에 그을린 단풍을 바라보며 속된말로 놀고 싶고 일하기 싫은 시기이기도 하다. 일이 풀리지 않고 실적이 좋지 않아 때로는 일을 잠깐 내려놓고 바람을 쐬기도 한다지만, 날씨를 핑계(?)로 흐트러지면 안 되므로 조심해야 하는 시기가 바로 가을이다. (업무와 상관없이 나 자신을 위한 노력 역시 게을리 해서는 안 된다. 봄에 많이 하지 못했던 소개팅을 가을로 미뤄서 열심히 하기도 한다. 지인들의 결혼식도 가장 많이 참

석한다. 새로운 인연을 찾기 위해, 그리고 행복한 크리스마스를 기대하며…)

겨울

춥다. 더 이상의 말은 필요 없다. 정말 너무 춥다. 운전 중에 시트 및 핸들을 따뜻하게 한다 해도 그때 뿐. 다시 밖으로 나오면 정말 너무 춥다. 걸어다닐 때 코트도 입고 다닌다지만 추위가 쉽게 해결되지는 않는다. 지나가다가 길거리 포장마차에서 오뎅 국물 한 모금 마시는 것이 정말 큰 위안이 된다. 독감환자 및 건강검진환자로 인해 병원마다(특히, 이비인후과 및 내과) 환자가 정말 많아서 거래처 병원 의사 선생님과의 면담이 쉽지 않다는 핑계로, 확실히 봄·가을보다는 거래처 방문하는 횟수가 조금 줄어드는 경향이 있다. 개인적으로는 감기에 걸리지 않게 자기관리도 철저히 해야 하는 시기이지만 연말, 연초 회식과 같이 잦은 술모임으로 인해 영업사원들의 간수치가 4계절 중에 가장 높게 치솟는 시기가 바로 겨울이다.

하지만 '날이 풀리면 운동도 하고 열심히 일하다 보면 간수치가 다시 제자리를 찾을 것이다'라는 작은 위안을 삼으며 모임에 충실히(?) 참석한다. 회사도 한해의 마지막 유종의 미(1년 100% 실적)를 잘 거두어야 한다고 강조한다. 아니다,

생각해보니 계절과는 상관없이 1년 내내 영업사원들은 실적으로 스트레스를 받는다. 개인적으로는 봄과 가을에 최선을 다해서 인생의 반쪽을 찾기 위한 노력을 많이 했지만 여전히 솔로인 내 자신을 반성하며 내년 봄을 기약한다.

계절마다 느끼는 감정, 환경은 그때마다 다르지만, 1년 총 네 번의 계절 모두, 영업사원들은 실적으로부터 자유로울 수 없는 시기를 보낸다. 실적의 압박에 자유로울 수 있는 영업사원은 찾기 어렵지만, 한 가지 확실한 사실은 사계절 내내 영업사원들은 각자 위치에서 최선을 다하고 있다는 것이다.

대한민국 영업사원들 힘냅시다!

제약영업으로부터, 성장해가다.

평범한 질문으로 시작할게요. 요새 아침마다 출근하며 자주 하는 생각이 있나요?

흠… 솔직히요? '퇴근하고 싶다'는 생각.(웃음) 순화해야 하나요? 출근을 하며 '퇴근하고 싶다'는 생각을 한다는 것이 슬프지만 대부분의 직장인들의 현실 아닐까 싶네요. 그래도 출근한 이상 그날 해야 할 일에 있어서는 최선을 다하고자 노력해요.

뭐랄까… 죽 쒀서 개 주는 것이 아닌 죽 쒀서 제 자신이 먹고 저의 성장에 도움이 될 만한 하루를 살고 싶다? 이렇게 말하고 싶네요. 표현이 다소 거칠었나요?(웃음)

'죽 쒀서 개 준다'는 말 너무 재밌네요.

대한민국 직장인들은 하루하루 최선을 다하면서 살아가잖아요. 근면, 성실에 있어서는 전 세계 통틀어 대한민국 사람들이 최고인 것 같아요. 하지만 그 근면, 성실 이면에는 매일 똑같은 생활패턴으로 지루한 일상을 보내는 사람들의 모습들이 숨겨져 있지 않을까 싶어요. 그래서 저는 더욱더 제 자신에게 도움이 되는 하루를 살고 싶은 거예요. 지루한 일상에서 끝나는 게 아니라 그 일상 속에서 저 자신에게 도움이 될 만한 요소를 찾고 싶은 거죠. 물론 죽 쒀서 개도 주고(웃음), 혹은 어려운 사람들에게 베푸는 것도 좋죠. 하지만 그것도 사회를 구성하는 조직원 개개인이 우선 건강하고 각자 만족하는 삶을 살고 있어야 의미가 있지 않나 싶어요.

그럼, 직장인들이 일주일 중에 제일 기다린다는 금요일에는 퇴근하고 뭐하면서 보내는 편인가요? 흔히 말하는 불금을 보내나요?

불금도 물론 좋죠. 불금의 의미는 누구에게나 상대적이겠지만 특별히 무엇을 하든 안하든 설령, 친구들과의 약속이 없다 해도 저 역시 금요일이 제일 좋은 것 같아요. 저는 금요일에 선약이 없는 경우 퇴근 후 집에 가서 다음 한 주 업무 리뷰를 해요. 가령, 업무상에 차질이 있던 거래처 병원이 있으면 체크해서 다음 주에 갈 수 있도록 조정하는 거죠. 그리고 계획대로 거래처 병원을 갔는데도 해야 할 이야기를 의사 선생님께 다 못하는 경우도 있잖아요. 그런 경우도 체크를 해두죠. 그런 리뷰 작업을 일차적으로 하고, 다음주 월요일부터 금요일까지 해야 할 업무 플랜을 짜요. 저는 그래야 적성이 풀려요. 안 그러면 불안해요. 이 작업이 마무리 되어야 한 주를 마무리 짓는 것 같은 느낌이 들고 주말에도 걱정 없이 편하더라고요. 머리가 좋은 편은 아니라 이렇게 리뷰를 안 해놓으면 불안한 것 같아요.(웃음) 금요일 저녁에 약속이 있는 경우는 토요일 오전까지 이 작업을 마무리하려고 노력해요. 주말에는 회사업무 걱정

없이 편하게 쉬고 싶으니까요.

와우, 꼼꼼하네요. 특히 금요일에 퇴근하고 나서 일주일 리뷰를 하는 건 쉬운 일이 아닐텐데요. 그리고 지찬솔님과 인터뷰를 쭈욱 진행하면서 생긴 의문이 있습니다. 제가 보기에는 영업사원으로서 아주 중요한 건 의사와의 관계로 보여요. 사실 그건 주관적이고 운도 작용하잖아요. 그렇다면 대체 영업사원에게 있어서 실력은 무엇인가요? 그야말로 '제약영업사원에게 있어서의 실력'은 무엇인지 궁금하다는 거죠.

실력은, 곧 숫자(좋은 실적)에요.

예, 그 숫자를 끌어내는 실력이 있을 거 아니에요?

주관적이긴 해요. 정의하기 힘든데… 그야말로 뭐든 다 잘하는 거죠. 영업 잘하는 분들 보면 박학다식하고, 술도 잘 마시고 말도 잘 하고. 마치 똥도 약으로 둔갑시켜서 영업할 수 있을 것 같은 사람들이에요. 외모도 준수하고요. 그리고 영업을 잘 하시는 분들은 좋은 실적이 뒷받침 되다 보니, 남들로 하여금 '저 영업사원은 보이지 않는 뭔가가 있나보다'라는 호기심을 갖도록 해요. 그런 모든 영역에서의 특출난 모습이야말로 숫자를 끌어내는 실력이자 거래처 의사 선생님들과 친해질 수 있는 원동력 아닐까 싶네요.

결국 제약영업이란 영역은 정말 '관계의 예술'이 필요해보여요. 그렇다면 또 반대로 이런 질문을 던지고 싶네요. 영업사원으로서 가장 회의감이 드는 순간이 있다면 언제인가요?

아무래도 주변의 시선이죠. 제약영업이 영업 중에 가장 힘들다는 말도 있고, 일반적인 시선이 곱지만은 않더라고요. 취업이 워낙 힘들다보니 인식이 조금씩 바뀌고 있긴 해요. 그래도 변하지 않는 부분도 있고요. 가령, 소개팅 할 때도 제가 사전에 제약영업 한다고 이야기했더니 상대측에서 소개팅 안 하겠다는 말을 하기도 했고. 친구들이나 지인들과 얘기를 하더라도 "제약영업 그거 매일 술만 먹고 엄청 힘들지 않아?"라는 질문을 많이 받는 편이에요. 이런 주변의 시선이 안타까울 때가 있어요. '술, 엄청 힘든 것' 그것만이 제약영업의 전부가 아닌데 말이죠. 그리고 제가 실제로 술을 잘 마시는 편도 아니거든요. 이렇게 남들이 선호하지 않는 빡센 직종에서 근무한다는 시선으로 저를 바라볼 때, 마음이 씁쓸하죠. 그래도 확실히 말씀드릴 수 있는 것은 제약영업이 '무조건 술만 먹고 힘들게 영업하는 것'만은 아니라는 거예요.

제 생각엔, 제약 영업이 싫다기보다는 빡세다는 시선에 방점이 찍힌다고 봐요. 그래서 인기 직종은 아닌 거죠.

사실 저도, 제약회사에 처음 입사했을 때 이런 부분 때문에 어느 정도 걱정이 앞섰어요. 술을 많이 먹는다는데 내가 잘 할 수 있을까? 정말 주변의 시선처럼 빡세기만한 직업일까? 게다가 저는 정규직이 아닌 6개월 인턴 계약직으로 입사했기 때문에 정규직 전환에 대한 불안함도 있었고요. 그런데 막상 겪어보니 걱정할 정도로 힘들기만한 직업은 아니더라고요. 열심히 일한 만큼 보람도 느낄 수 있었죠. 물론, 제약영업이 쉬운 것은 결코 아니에요. 그런데 요즘 힘들지 않은 직업이 있을까요? 그래서 '제약영업이 제일 힘들다'라고 단정짓고 싶은 마음은 조금도 없어요. 오히려 열심히 일한 만큼 의사 선생님과의 관계가 두터워지면, 제가 몸이 아파서 진료를 보러 갔을 때, 의사 선생님께서 더 관심 가져주시고 심도 있게 진료 봐주시는 게 느껴지기도 하거든요.

근본적인 질문을 또 한 번 던져볼게요. 샐러리맨으로 살아간다는 건 무슨 의미일까요?

흠, 이건 정말 쉽지 않은 질문이네요. 하루하루를 잘 버텨야 하는 존재가 아닐까요?(웃음) 명확하게 얘기할 순 없지만, 어떤 업종이냐를 떠나서 자기에게 주어진 업종에서 최선을 다해 버텨야 하는 존재라고 봐요. 샐러리맨에서 세일즈맨으로 범위를 좀 좁혀보자면, 세일즈맨 같은 경우는 그래도 하루하루를 실적에 대한, 그래도 대박에 대한 상상을 하면 좀 더

수월하게 버틸 수 있어요. 회사에서 실적으로 인정받는 제 자신을 상상해보는 거죠.

   질문과는 조금 벗어난 답변일 수 있지만 첨언을 드리자면, 가끔은 제가 세일즈를 하고 있다 보니까, 모든 사람이 세일즈를 하는 것처럼 느껴질 때가 있어요. 실제로는 그렇지 않거든요. 저 스스로가 '영업이라는 틀'에 갇히는 거죠. 그래서 저는 제약영업이 아닌 다른 일을 하는 샐러리맨들도 만나보고 싶어요. 숫자, 실적이라는 개념에 갇혀있는 것이 아니라 가령, 스포츠 댄스 강사, 피아노 학원 선생님 등등 제가 경험해보지 않은 세계에서 일하는 사람들을 만나면서 견문을 넓히고 싶은 거죠.

아무래도 제약영업이라는 직업이 한정된 구역에서 움직이는 편이다보니 그럴 수 있을 거 같아요.

   제가 얼마 전부터 〈관계의 물리학〉이란 책을 조금씩 조금씩 읽고 있어요. 처음에는 내용이 어렵더라고요. 그 책을 읽고 나니 더 다양한 사람을 만나고 싶어졌어요. 사실 의사와 영업 사원은 서로간의 필요에 의해서 만나는 경우가 많잖아요. 물론, 비즈니스 관계를 뛰어넘는 친분 관계로도 이어질 수 있긴 하겠죠. 하지만 저는 '비즈니스 관계', '친분 관계'라는 개념에서 벗어나 상대방에 대한 호기심 그 자체를 통해 많은 사람들을 만나보고 싶어요.

필요에 의한 만남도 있지만, 이해관계가 얽히지 않은 관계도 있더라고요. 사람이라는 존재가 만남과 만남을 통해 어떻게 변할지 모르니까요. 단순히 세일즈만을 생각하면서 사람들을 만나면 제가 세일즈라는 단어 안에 갇히게 되거든요.

지찬솔님 스스로가 성장하고 있다는 생각도 드네요. 제약영업은 제약영업대로 해나가고, 또 다른 열망이 생기고 있는 거니까요. 한편, 여유가 생겼다는 거 같기도 해요. 좀 더 넓은 세상을 향한 열망이라고 해야 할까.

예, 제약영업이 아닌 다른 일을 하는 사람들은 어떤 세상을 살고 있을까? 그게 궁금해요. 단순히 연봉을 얼마 받고, 뭐 그런 이해타산적인 생각을 말하는 게 아니에요. 나를 제외한 사람들은 어떤 세상을 살고 있을까? 그리고 그 많은 사람들 중에서 정말 자신의 가슴을 뛰게 해주는 일을 하고 계신 분들이 얼마나 많은지 그것도 궁금하고요

가슴 뛰는 일을 하면 고정적인 월급은 좀 힘들겠죠.(웃음) 고정적인 월급이 잘 들어오면 가슴이 조금 덜 뛸 수도 있고. 그런데 가장으로

서 매달 가족에게 월급을 가져다 줄 수 있다는 사실은 정말 큰 기쁨 같아요. 그래서 아마 우리 아버지들도 그러한 자부심으로 자신의 희생을 감내할 수 있었을 거예요. 아마 결혼하시면 더 느낄 겁니다. 지금은 매달 월급 받는다는 게 큰 감동이 없을지 몰라도, 결혼하면 더 느낄 겁니다.

어쨌거나, 지난 인터뷰에 비해 오늘 인터뷰 마지막에 던진 지찬솔님의 대답은 제게 여러모로 신선하네요. 그리고 아까도 말했지만, 그러한 열망은 한편 지찬솔님이 제약영업에 어느 정도 익숙해지면서 더 큰 열망이 생겼다는 의미 같기도 해요.

이래놓고, 또 현업으로 돌아가면 '실적의 압박'에 힘들겠지만요.(웃음)

"출근하면서 하는 생각이라… 솔직히, '퇴근하고 싶다'는 생각.(웃음) 순화해야 하나요? 출근을 하며 '퇴근하고 싶다'는 생각을 한다는 것이 슬프지만 대부분의 직장인들의 현실 아닐까 싶네요. 그래도 출근한 이상 그날 해야 할 일에 있어서는 최선을 다하고자 노력해요.

뭐랄까… 죽 쒀서 개 주는 것이 아닌 죽 쒀서 제 자신이 먹고 저의 성장에 도움이 될 만한 하루를 살고 싶다? 이렇게 말하고 싶네요. 표현이 다소 거칠었나요?(웃음)"

급할 거 없다. 쫄지 마!

2015년 10월, 인수인계 후 선배의 도움 없이 혼자 병원을 방문해야 했던 그 순간!

가을 아침의 하늘은 구름 한 점 없이 파랗게 빛났지만 병원 밖에 서 있는 내 마음은 시커먼 답답함으로 채워져 있었다.

'면담 안 해 준다고 하면 어쩌지?' '면담 못해서 지점장님한테 혼나고 찍히면 어쩌지?' '인턴만 하다가 정규직 달아보지도 못하고 짤리는 거 아닌가?'

별의별 생각이 다 들었던 그 때는 (비흡연자인) 내가 '하, 이런 심정에 담배라도 피면 나아지려나?'라며 혼잣말을 했을 정도로 초조, 불안 그 자체였다. 고민만 하다가 너무 초조한 나머지 선배님께 전화를 걸었고, 선배님께서는 "급할 거 없다. 쫄지마!" 짧게 한마디 남기시고 전화를 끊었다.

그후로 삼년 반 동안, 수많은 면담 거절을 당해보며 이것이 제약영업인의 평범한 일상이라는 것을 배웠기에 이젠 거절을 두려워하지 않는다. '급할 거 없다. 쫄지마!'를 마음속으로 되뇌이면서…

면담 거절을 당한 뒤에는 '쳇! 여기만 병원인가?'라는 생각으로 다른 병원을 다녀보기도 했고, 면담을 거절했던 병원의 마음을 어떻게 해서든지 돌려서 신규거래처로 만들어보기도 했다. 곰곰이 생각을 해봐도 면담 거절에 대처하는 방법은 정답이란 게 없다. '왜 이 병원은 나를 맞아주지 않을까?'에 대해 고민하며 자기만의 영업방식을 터득하거나 나와 맞는 다른 병원을 찾는 수밖에…(이 글을 쓰는 지금도 먼 미래에는 이것에 대한 정답을 찾았으면 하는 소망을 갖고 있다. 다만, 면담이 안 되는 병원도 아래와 같은 노력을 통해 새로운 거래선으로 만든 경험은 있다. 그걸 나눠보고 싶다)

1. 방문 시간을 달리 해 본다(오전에 거절당했으면 다른 날 오후에 다시 방문해 본다).
2. 편지를 써 본다.
3. 간호선생님, 타 제약영업사원과의 소통을 통해 병원의 정보를 파악하여 다시 접근한다.

제약영업인이라면, '에이, 이건 누구나 다 한 번쯤은 해보는 방식인데?'라고 생각할지 모른다. 하지만 한 번쯤은 누구나 시도해보는 이 진부한 방식 속에도 기회는 분명 있었다. 당연하고, 뻔한 접근 방법이라고 해서 무시하기보다는 진부한 방식부터 차근차근 접근해보는 것도 신규개척에 있어서 큰 시발점이 될 수 있기 때문이다. 설령 이러한 방식을 활용해서 원하는 결과를 얻지 못하더라도, '시도를 한 번 해보는 것과 해보지 않는 것'은 향후 자신만의 영업력 향상에 있어서 큰 차이를 가져올 것이라고 확신한다.

가장 무서운 건 '자기합리화'다.

"다른 시간 방문, 편지쓰기, 제3자를 활용한 정보파악? 그렇게 한들 나아지는 게 있겠어?"라며 노력조차 하지 않고 문을 닫아버리는 것.

코로나바이러스감염증-19 (COVID-19)

2월의 시작!

2020년도 벌써 한 달이 지났음을 깨달으며 '다시 열심히 해보고자' 방문한 거래처 병원에서 간호사 선생님께서 하시는 첫 마디, "마스크 쓰고 들어오세요". 2020년 1월 20일, 국내에 첫 코로나바이러스감염 환자가 발생했을 때까지만 해도 그렇게 심각하게 받아들이지 않았는데, 2월 시작과 동시에 거래처 병원들의 분위기는 급격히 변하기 시작했다. 부랴부랴 약국에 가서 마스크를 구입하여 착용하고 거래처 병원을 다녀야만 했다. 1월말-2월초까지만 해도 마스크 구하기가 어렵지 않았는데 얼마 뒤 마스크 대란이 터질 줄 누가 알았으랴…

얼마 뒤, 제약업계에서 영업사원들은 재택근무를 실시해야 하는 것 아니냐는 의견들이 나오기 시작했다. 제약영업직 특성상 병원을 많이 다녀야 하는데, 영업사원 중에서 확진자가 발생할 경우 여러모로 타격이 발생할 수 있기 때문이었다. 영업사원이 다녀간 병원은 소독 및 방역으로 인해 일정기간 영업을 할 수 없는 상황에 이르고, 지역 사회에서 코로나 확진자가 다녀간 병원이라는 인식 때문에 병원 이미지가 안 좋아 질 수도 있는, 상상만 해도 끔찍한 일이었다. 또한, 회사 입장에서도 하루하루 성실히 현장에서 일하는 영업사원 한명 한명이 소중할 수밖에 없었을 터. 결국, 그렇게 회사는 영업사원에 한해 재택근무를 시행했다. 내가 입사한 이래 재택근무는 처음 있는 일이었다.

하루 이틀은 집에서 근무하는 것이 편하기도 하고 좋게 느껴졌지만, 시간이 지나면 지날수록 거래처 병원에 대한 걱정, 그리고 언제까지 코로나 사태가 지속될지에 대한 걱정이 밀려오기 시작했다. 그렇게 며칠간의 재택근무를 뒤로 하고 다시 정상근무를 하게 되었지만, 사태는 심각했다. 야외 활동을 줄이라는 정부의 지침에 병원에 오는 환자수도 급격하게 줄어들었고, 병원을 방문하는 영업사원에 대한 이미지도 좋지만은 않다는 것을 피부로 느낄 수 있었다. 제약 영업사원인 내가 코로나바이러스 확진자가 된다면, 지역 내 슈퍼감염자가 될 수 있다는 생각에 마스크를 철저히 착용하며 거래처 병원을 다녔고, 병원을 갈 때나 운전을 할 때나 항상 손 소독을 꾸준히 하면서 청결에 힘쓰고자 노력했다.

'별거 아니겠지'라며 무시했던 코로나바이러스는 대한

민국 사회에 강렬한 타격을 주었다. 마스크 5부제 실시로 인해 약국 앞에 긴 줄을 서서 마스크를 구매해야 했고, 교육기관은 온라인 개학을 하기에 이르렀으며, 대한민국 수많은 자영업자들이 생계의 어려움을 겪고 있는 것은 물론이거니와 이로 인해 각종 경제지표는 좋아질 기미가 보이지 않는다. 돌아보면, IMF 사태를 뛰어넘는 고통이 대한민국 곳곳에서 터져나오고 있다.

게다가 전 세계적으로 많은 확진자와 사망자가 속출하고 있다. 하루 빨리 코로나바이러스 치료제가 개발되어 이 상황이 종식되기를 바랄 뿐이다. 마스크를 쓰지 않고, 주변 지인들과 마음 편히 대화하며 타인과의 물리적 거리에 크게 신경 쓰지 않고 영업하던 불과 몇 달 전의 일들이 이렇게 소중하게 느껴질 줄은 몰랐다.

'당연한 줄 알았던 것들에 대한 소중함'을 느끼며 일상생활의 작은 것 하나하나에 감사함을 느끼는 요즘이지만, 한편으로는 그 '당연한 줄 알았던 것들에 대해 무의식적으로 살았을 때'가 그리운 것도 사실이다. 하루빨리 코로나 사태가 완전히 종식되어 사회적 거리가 점점 좁혀지는 그 날이 오기를 바라본다.

지금 이 글을 쓰고 있는 순간에도 코로나바이러스와 혈

투를 벌이고 있는 의료진 및 관계자들께 진심어린 감사의 말씀을 전하고 싶다.

"This, too, shall pass away"

〈비록 영업의 고수는 아니지만〉을 마무리 지으며, 이제는 '영업의 고수'를 꿈꿔보게 됩니다. 제약영업을 하며 다양한 사람들(직장 선후배, 병원 의사선생님, 간호선생님, 약사님 등)과의 만남을 기대하고, 또한 그들과 소통하면서 저만의 영업 노하우를 차곡차곡 쌓아나가며 한 단계 발전한 모습으로 또 다른 책을 집필할 제 자신을 꿈꿔봅니다. 사람의 미래는 알 수 없지만, 책을 쓰면서 제 인생을 되돌아봤던 이 시기는 정말 잊지 못할 추억으로 남을 것입니다.

그리고 참으로 많이 감사합니다.

소재웅 작가.
소재웅 작가가 던져준 뜻밖의 제안이 아니었으면 이 책은 집필되지 못했을 겁니다. 어릴 적 친하게 지내던 형, 동생의 관계를 넘어 작가로서의 소재웅은 '또 다른 지찬솔'을 발견하게 해 준 소중한 인연입니다. 소재웅 작가가 바라보는 지찬솔, 그리고 그 계기를 통해 한 번 더 성장해 있을 지찬솔의 모습이 저 역시 기대됩니다.

부모님.

35년 동안의 제 인생 스토리가 담긴 책이 곧 출판될 예정이라는 소식을 말씀드렸을 때, 그 누구보다 놀라시고 아들을 대견하게 바라보셨던 부모님의 눈빛을 영원히 잊지 못할 겁니다. 부모님이 있었기에 제가 이 책을 쓸 수 있었습니다. 특별히, 영업사원으로 한 우물을 파시며 노력하셨던 아버지의 모습을 보면서 많은 것을 배웠고, 여전히 배우고 있습니다. 이젠 제가 아버지의 발자취를 이어 나가겠습니다.

동생 한솔.

동생이지만 때로는 형 같은 존재인 한솔이. 한 가정의 가장으로 이제 곧 아빠가 될 책임감으로 열심히 하루하루 살아가는 모습을 보며 많은 것을 배웁니다. 형에게 친구 같은 존재로 옆에서 든든하게 많은 조언을 아끼지 않는 한솔에게, 그리고 이 책의 출판을 누구보다 축하해 줄 한솔에게 고마움을 전합니다.

직장 동기, 선배, 후배.

어리버리한 신입사원에서 6년차 직장인이 되기까지 좋을 때나 힘들 때나 큰 힘이 되어주었던 직장 동기, 선배, 후배님들께 진심어린 감사를 표합니다. 책을 통해 제 직장 생활을 돌이켜보며, 회사에서 만난 인연들의 소중함에 대해 생각하게 되었습니다. 특히 2019년, 다리 부상으로 힘든 나날을 보내던 시기에 큰 위로와 응원을 보내주며 저와 매일 같이 동행근무를 해줬던 신입사원분들께 감사의 말을 전합니다.

의사 선생님, 간호선생님, 약사님.

때로는 친절하게, 때로는 따끔하게 가르침을 주시며 영업사원으로서 자리를 잡을 수 있도록 도와주셨던 많은 의사 선생님들이 계셨기에 이 책이 완성될 수 있었습니다. 또한, 병원에 방문할 때마다 환하게 인사하며 맞아주셨던 간호 선생님들, 그리고 약국에 저희 약을 구비해 달라고 인사드렸던 많은 약사님들. 이 분들께도 감사의 말씀을 전하고 싶고, 앞으로도 잘 부탁드린다는 말씀 전하고 싶습니다.

독자분들.

마지막으로, 이 책을 읽어주신 독자분들께 감사의 말씀을 드립니다. 제 영업 인생은 아직 끝나지 않았습니다. 영업인 지찬솔이 어떻게 성장해 나갈지 지켜봐 주십시오. 그리고 응원

해주십시오. 제 짧은 35년간의 인생 스토리가 독자분들에게 작은 도움, 그리고 꿈과 희망이 되길 기대합니다.

2020년 여름을 살아내고 있는
제약 영업사원 지찬솔

인터뷰어의 글

보통 책이 만들어지는 과정은 크게 두 개로 나뉜다.

첫 번째, "저에게 이러이러한 스토리가 있으니 책을 한 번 내고 싶어요"라고 요청을 받는 경우. 두 번째, "당신에게 이러이러한 스토리가 있으니 책을 한 번 내보시죠"라고 권하는 경우.

지찬솔 작가의 경우 두 번째 케이스였다. 내가 지찬솔 작가를 가까이서 20년 넘게 지켜보며 느껴왔던 여러 키워드 때문이었다.

우직함.
약간의 엄살기.
성실함.
대입 3수.
그리 효율적이지 않음.

그리 낙천적이지 않음.

허세 없음.

꽤 유머러스함.

대학 편입.

그리 자신감 없음.

아주 열심히 일하는 느낌.

가만 보니, 꽤 일을 잘 해내는 느낌.

그러나, 엄살이 심함.

극한의 다이어트 경험.

화려한 스펙 같은 거 없음.

고작 이런 키워드들이라면 굳이 책으로 낼 스토리는 아니겠다, 라고 생각하는 게 일반적인 수순이겠지만, 난 역발상을 했다. 이런 담백하고 현실적인 삶이야말로 책으로 담겨야 하지 않을까, 라는 발상.

그렇게 이 책은 시작됐다.

다행히도(?), 내가 바라본 지찬솔 작가의 모습은 책을 만드는 과정 내내 그대로 드러났다. 그리고 성의 있게 이 책을 들여다본 독자라면, 위에 늘어놓은 키워드를 온 몸으로 느낄 수 있을 것이다.

그는 성실하게 책을 만들어갔고, 인터뷰 내내 그리 낙천적이지 않았으며, 늘 엄살이 심했다. 그리고 열심히 일하고 있었고, 꽤나 잘 해내고 있는 느낌(그야말로 내가 그의 업무 수행을 판단할 수 있는 위치에 있지는 않았으니)이었다.

난 이 책이 꽤나 정확하게 '지찬솔'이란 한 존재의 '고유의 결'을 담아내고 있다고 확신한다. 그리고 그 공(功)은 '지찬솔 작가'에게 있다. 때론 과중한 업무 속에서도 성실히 인터뷰에 임하고, 시간을 쪼개고 쪼개 글을 써내려갔으니까.

고로, 지찬솔 만세!
를 외치는 바이다.

이 책이, 독자들에게 어떤 식으로든 좋은 영향을 주면 좋겠다.
그리고 무엇보다, 이 책이 '지찬솔 작가'의 인생에 값진 디딤돌이 되기를 간절히 바란다.

인터뷰어 소재웅

훈훈

"출판으로 존재와 존재를 연결하다"
책을 통해 세상이 좀 더
훈훈해질 수 있으면 좋겠습니다.
'훈훈하다'라는 단어의
영어 표현인 'heartwarming'처럼,
독자들의 심장을 따뜻하게 만들고 싶습니다.

여러분의 소중한 이야기들을 기다립니다.
e-mail   toolor@hanmail.net
instagram @hunhun_hunhun